SAILOR JERRY

STORIA, REGOLE e CURIOSITA'

Sul maestro dei Tatuaggi Old School

Copyright ©

Maggio 2024

Tutti i diritti riservati.

Editore: Createspace Indipendently Published

ISBN-13: 9798326146540

La copia o ogni altra forma di riproduzione totale o parziale del testo è vietata senza l'autorizzazione dell'autore. Immagini e cover grazie alle risorse Freepik.

INDICE

Introduzione	1
Capitolo 1: Le Origini di Sailor Jerry	9
Capitolo 2: La Carriera e lo Stile	16
Capitolo 3: Opere Iconiche	26
Capitolo 4: Sailor Jerry e la Marina	36
Capitolo 5: L'Eredità di Sailor Jerry	46
Capitolo 6: Interviste, Testimonianze e Cultura Moderna	50
Regole non scritte old school	54
100 curiosità sugli old school	59
Conclusioni	71
Il segreto della felicità	81
Limited Edition 1000 – Immagini da colorare mindfulness	95

PREMESSA

Il mondo dei tatuaggi è ricco di storia, cultura e significato, e i tatuaggi old school occupano un posto speciale in questo panorama. Nati nei primi decenni del XX secolo, questi tatuaggi sono riconoscibili per il loro stile distintivo, caratterizzato da linee spesse, colori vivaci e soggetti iconici come ancore, cuori, rose e navi. Tuttavia, oltre all'estetica, i tatuaggi old school sono intrisi di storie, leggende e simbolismi che hanno affascinato generazioni di appassionati.

In questo libro, esploriamo il ricco tessuto culturale che avvolge questi tatuaggi, andando oltre l'inchiostro per svelare i significati nascosti e le curiosità che li rendono unici. Ogni tatuaggio racconta una storia, non solo personale, ma anche collettiva, riflettendo le esperienze, le credenze e i valori delle comunità che li hanno adottati.

Le leggende sui tatuaggi old school sono numerose e variegate, spaziando da superstizioni marinare a racconti di coraggio e amore. Scoprirete perché le ancore sono considerate simboli di stabilità e sicurezza, e come i cuori con nomi scritti all'interno rappresentino promesse d'amore eterno. Vi addentrerete nei significati nascosti dietro i tatuaggi di rondini, tigri e pin-up, ognuno dei quali porta con sé una storia affascinante e spesso commovente.

Questo libro non è solo una raccolta di curiosità, ma un vero e proprio viaggio attraverso le radici culturali del tatuaggio old school. Attraverso un'analisi approfondita e aneddoti intriganti, vi guideremo alla scoperta delle tradizioni e delle leggende che hanno plasmato questo stile iconico. Che siate tatuatori, appassionati di tatuaggi o semplici curiosi, questo viaggio vi offrirà una nuova prospettiva su un'arte antica e sempre attuale, illuminando i motivi per cui i tatuaggi old school continuano a esercitare un fascino irresistibile su persone di tutto il mondo.

INTRODUZIONE

Norman Keith Collins, conosciuto al mondo come Sailor Jerry, è un nome che risuona profondamente nell'universo del tatuaggio. Il suo impatto va oltre la pelle inchiostrata dei marinai e degli appassionati di tatuaggi; ha lasciato un'impronta indelebile sulla cultura popolare e sull'arte del tatuaggio in sé. Questo libro si propone di esplorare la vita, l'arte e l'eredità di un uomo che ha trasformato un'arte spesso marginalizzata in una forma di espressione celebrata e rispettata.

L'importanza di Sailor Jerry nella Cultura del Tatuaggio

Il tatuaggio ha una storia antica, che risale a migliaia di anni fa. Tuttavia, il tatuaggio tradizionale americano, o "old school", come è conosciuto oggi, ha preso forma in gran parte grazie all'opera di Sailor Jerry. Negli anni '30 e '40, il tatuaggio era ancora associato principalmente a marinai, carcerati e membri di gang. Era visto come un segno di ribellione e non conformità, e spesso veniva stigmatizzato dalla società. Sailor Jerry ha giocato un ruolo cruciale nel ridefinire questa percezione.

Collins ha portato il tatuaggio a un nuovo livello di professionalità e rispetto. Ha introdotto nuove tecniche, migliorato gli strumenti e, soprattutto, ha creato uno stile visivo unico che combinava influenze americane tradizionali con elementi orientali. Il risultato è stato un corpo di lavoro che non solo ha attratto clienti di tutto il mondo, ma ha anche ispirato generazioni di tatuatori.

Scopo del Libro

Questo libro non è semplicemente una biografia di Norman Keith Collins. È un viaggio attraverso la sua vita, il suo lavoro e il suo impatto duraturo sulla cultura del tatuaggio. Esploreremo non solo chi era Sailor Jerry come persona, ma anche come la sua arte ha influenzato e continua a influenzare l'industria del tatuaggio e la cultura popolare.

Panoramica della Struttura del Libro

Il libro è suddiviso in sette capitoli principali, ciascuno dedicato a un aspetto fondamentale della vita e dell'eredità di Sailor Jerry. Partiremo dalle sue origini, esplorando l'infanzia e l'adolescenza di Norman Keith Collins, fino ai primi contatti con il mondo del tatuaggio. Esamineremo poi la sua carriera, analizzando come si è sviluppata e come ha influenzato il suo stile distintivo.

Successivamente, ci immergeremo nelle sue opere iconiche e nel simbolismo che permea i suoi disegni. Questi capitoli non solo descrivono i tatuaggi stessi, ma cercano anche di interpretare il loro significato culturale e personale. Un capitolo sarà dedicato alla sua relazione con la Marina Militare, un aspetto fondamentale della sua vita e della sua carriera.

L'eredità di Sailor Jerry sarà poi esplorata in dettaglio, con un'analisi di come la sua influenza si estenda ben oltre la sua vita e come il marchio Sailor Jerry sia diventato un'icona culturale. Infine, raccoglieremo interviste e testimonianze da coloro che lo hanno conosciuto e da chi è stato influenzato dal suo lavoro, offrendo una prospettiva personale e intima sulla sua vita e il suo impatto.

Chi Era Sailor Jerry?

Norman Keith Collins è nato il 14 gennaio 1911 a Reno, Nevada. Fin da giovane, mostrò un'inclinazione per l'arte e una curiosità per il mondo che lo circondava. A quattordici anni, decise di partire per vedere il mondo, imbarcandosi come marinaio. Questo periodo della sua vita non solo gli permise di vedere luoghi lontani, ma lo introdusse anche alla cultura del tatuaggio, che era prevalente tra i marinai.

Durante i suoi viaggi, Collins incontrò e fu influenzato da diversi maestri del tatuaggio, sia americani che giapponesi. Questi incontri formarono la base del suo stile unico, una fusione di elementi tradizionali americani con tecniche e estetiche orientali. Dopo essersi stabilito a Honolulu, Hawaii, aprì il suo famoso studio di tatuaggi, che divenne una mecca per i marinai e gli appassionati di tatuaggi.

Stile e Tecniche

Sailor Jerry è forse meglio conosciuto per il suo stile audace e iconico. I suoi disegni spesso includono figure di pin-up, navi, aquile, ancore e altri simboli che evocano la vita marinaresca. Tuttavia, ciò che distingue davvero il suo lavoro è l'attenzione ai dettagli e la precisione delle linee. Le sue linee erano pulite e nitide, e utilizzava una gamma di colori vivaci che hanno reso i suoi tatuaggi immediatamente riconoscibili.

Collins era anche un innovatore tecnico. Ha migliorato gli aghi per tatuaggi e ha sviluppato nuove tecniche di shading che hanno permesso una maggiore profondità e dettaglio nei suoi disegni. Inoltre, ha introdotto l'uso di pigmenti di alta qualità, che hanno reso i suoi tatuaggi più duraturi e vibranti. La sua dedizione alla perfezione tecnica ha stabilito nuovi standard nell'industria del tatuaggio, influenzando numerosi artisti che sono venuti dopo di lui.

Impatto e Eredità

L'eredità di Sailor Jerry va oltre i suoi disegni. Ha contribuito a trasformare il tatuaggio da una pratica marginale a una forma d'arte rispettata. Oggi, il suo nome è sinonimo di tatuaggio tradizionale americano, e il suo lavoro continua a ispirare tatuatori e artisti in tutto il mondo. Il marchio Sailor Jerry, che include rum, abbigliamento e altro, mantiene vivo il suo spirito e la sua estetica, portando il suo lavoro a un pubblico ancora più ampio.

Collins è anche ricordato per la sua filosofia di vita. Era noto per il suo spirito ribelle e la sua determinazione a vivere secondo le proprie regole. Questa attitudine si rifletteva nei suoi tatuaggi, che spesso trasmettevano messaggi di libertà, avventura e indipendenza. Per molti, farsi tatuare da Sailor Jerry significava non solo ottenere un pezzo d'arte unico, ma anche abbracciare uno stile di vita anticonformista.

In definitiva, Sailor Jerry non è solo un personaggio storico nel mondo del tatuaggio; è una leggenda la cui influenza risuona ancora oggi. Questo libro si propone di offrire un ritratto completo e sfaccettato di Norman Keith Collins, esplorando non solo la sua arte, ma anche l'uomo dietro i tatuaggi. Attraverso una combinazione di biografia, analisi artistica e testimonianze personali, speriamo di rendere giustizia a un pioniere che ha cambiato per sempre il volto del tatuaggio.

Con questo libro, invitiamo i lettori a scoprire il mondo di Sailor Jerry, a comprendere la profondità del suo lavoro e a celebrare l'eredità di un artista che ha lasciato un segno indelebile sulla pelle e nel cuore di molti.

Capitolo 1: Le Origini di Sailor Jerry

Norman Keith Collins, meglio conosciuto come Sailor Jerry, nacque il 14 gennaio 1911 a Reno, Nevada. La sua vita, caratterizzata da un'avventura costante e un'incredibile creatività, lo avrebbe portato a diventare uno dei più influenti tatuatori della storia. Le sue origini umili e le esperienze di vita lo plasmarono in modo tale da renderlo una leggenda nel mondo del tatuaggio tradizionale americano.

Infanzia e Adolescenza

Norman crebbe in una famiglia di classe operaia. La sua infanzia fu segnata da una forte etica del lavoro, inculcatagli dai genitori. Suo padre, un ferroviere, lavorava duramente per mantenere la famiglia, e Norman apprese presto il valore della dedizione e della perseveranza. Tuttavia, l'inquietudine e il desiderio di esplorare il mondo si manifestarono in lui fin dalla giovane età. Era un bambino curioso, affascinato dalle storie dei marinai e degli avventurieri che incontrava nella sua città natale.

A soli 14 anni, Norman decise di partire da casa per esplorare il mondo. Lasciò la scuola e si imbarcò in un viaggio che avrebbe segnato l'inizio della sua carriera nel mondo del tatuaggio. Questa decisione, sebbene rischiosa, dimostrò il suo spirito indipendente e avventuroso, qualità che avrebbero caratterizzato tutta la sua vita.

Primi Contatti con il Mondo del Tatuaggio

Durante i suoi viaggi, Norman incontrò una varietà di persone e culture che avrebbero avuto un impatto significativo su di lui. Fu durante questi anni che si avvicinò per la prima volta al mondo del tatuaggio. La sua introduzione al tatuaggio avvenne grazie a Gib "Tatts" Thomas, un vagabondo che tatuava per vivere. Thomas insegnò a Norman le basi del tatuaggio, utilizzando strumenti rudimentali e tecniche artigianali. Questo incontro fortuito segnò l'inizio della sua passione per l'arte del tatuaggio.

Norman iniziò a tatuare i suoi compagni di viaggio, sperimentando vari stili e tecniche. Questa fase della sua vita fu fondamentale per lo sviluppo delle sue abilità artistiche e tecniche. Sebbene fosse un autodidatta, la sua curiosità e il desiderio di migliorare lo spinsero a cercare costantemente nuove opportunità per imparare e crescere.

La Vita in Marina

La svolta decisiva nella vita di Norman arrivò quando decise di arruolarsi nella Marina Militare degli Stati Uniti. Durante il servizio militare, viaggiò in diverse parti del mondo, inclusi Asia e Pacifico, dove venne esposto a una vasta gamma di culture e tradizioni di tatuaggio. Questi viaggi non solo ampliarono i suoi orizzonti, ma influenzarono profondamente il suo stile artistico.

In particolare, l'incontro con la tradizione del tatuaggio giapponese lasciò un'impronta indelebile su Norman. Fu affascinato dall'uso dei colori vivaci, dalle linee precise e dalla ricca simbologia dei tatuaggi giapponesi. Decise di studiare queste tecniche e di incorporarle nel suo lavoro, creando uno stile unico che combinava elementi tradizionali americani con influenze orientali.

Il Trasferimento alle Hawaii

Dopo aver lasciato la Marina, Norman si stabilì a Honolulu, Hawaii, una scelta che avrebbe definito la sua carriera futura. Le Hawaii, con la loro posizione strategica nel Pacifico, erano un crocevia di culture e un punto di ritrovo per marinai di tutto il mondo. Questo ambiente vibrante e multiculturale offriva a Norman l'opportunità di affinare ulteriormente le sue abilità e di espandere il suo repertorio artistico.

A Honolulu, aprì il suo famoso studio di tatuaggi in Hotel Street, una zona nota per i suoi bar e locali frequentati da marinai e avventurieri. Lo studio di Norman divenne rapidamente un punto di riferimento per chiunque volesse farsi tatuare, grazie alla sua reputazione di artista talentuoso e innovativo. Fu in questo periodo che adottò il nome d'arte "Sailor Jerry", un omaggio alle sue radici marinare e alla sua identità artistica.

L'Influenza delle Culture Asiatiche

Il tempo trascorso in Asia e il contatto con le tecniche di tatuaggio giapponesi ebbero un impatto significativo sul lavoro di Sailor Jerry. Fu uno dei primi tatuatori americani a riconoscere il valore artistico e tecnico dei tatuaggi orientali e a incorporarne gli elementi nel suo stile. Collaborò con maestri tatuatori giapponesi, come Horihide, scambiando conoscenze e tecniche che arricchirono ulteriormente il suo repertorio.

Una delle innovazioni più significative introdotte da Sailor Jerry fu l'uso di aghi di alta qualità e di pigmenti vibranti, che permettevano di creare tatuaggi più duraturi e visivamente accattivanti. Questi miglioramenti tecnici, uniti alla sua abilità artistica, resero i suoi tatuaggi facilmente riconoscibili e altamente richiesti.

La Filosofia di Vita

Sailor Jerry non era solo un artista eccezionale, ma anche una personalità affascinante. Era conosciuto per il suo spirito indipendente e ribelle, che si rifletteva sia nella sua arte che nel suo modo di vivere. Credeva fermamente nell'importanza dell'autenticità e della libertà personale, valori che trasmetteva attraverso i suoi tatuaggi.

Per Sailor Jerry, il tatuaggio non era solo una decorazione superficiale, ma un'espressione profonda della propria identità e delle proprie esperienze di vita. I suoi disegni spesso incorporavano simboli di forza, coraggio e avventura, riflettendo la sua visione del mondo e il suo percorso personale.

Un'Eredità Duratura

Le origini di Sailor Jerry sono una testimonianza della sua dedizione e passione per l'arte del tatuaggio. Da un giovane ribelle in cerca di avventura, Norman Keith Collins si trasformò in un maestro tatuatore, le cui innovazioni e il cui stile hanno lasciato un segno indelebile nella storia del tatuaggio. La sua eredità continua a vivere non solo attraverso i suoi disegni, ma anche attraverso il marchio Sailor Jerry, che celebra e perpetua la sua visione artistica.

In questo capitolo abbiamo esplorato le prime fasi della vita di Sailor Jerry, dall'infanzia alle prime esperienze con il tatuaggio, fino ai viaggi in Marina e all'incontro con le culture asiatiche. Questi elementi fondamentali hanno contribuito a formare l'artista e l'uomo che sarebbe diventato una leggenda nel mondo del tatuaggio. Nei capitoli successivi, approfondiremo ulteriormente la sua carriera, le sue opere iconiche e l'eredità che ha lasciato, offrendo un quadro completo e dettagliato della sua straordinaria vita e del suo impatto duraturo.

Capitolo 2: La Carriera e lo Stile

La carriera di Norman Keith Collins, noto al mondo come Sailor Jerry, è stata un viaggio affascinante che ha portato l'arte del tatuaggio a nuovi livelli di riconoscimento e rispetto. Questo capitolo esplorerà i momenti salienti della sua carriera, i suoi trasferimenti strategici e, soprattutto, il suo stile distintivo che ha influenzato generazioni di tatuatori.

Gli Inizi della Carriera

Norman Keith Collins nacque il 14 gennaio 1911 a Reno, Nevada. Fin dalla giovane età, Collins dimostrò una predisposizione per l'arte e una curiosità insaziabile per il mondo. A quattordici anni, decise di lasciare la scuola e unirsi alla Marina Mercantile, un passo che avrebbe segnato l'inizio della sua lunga e avventurosa carriera. Fu durante questo periodo che Collins iniziò a tatuare, usando una tecnica rudimentale che prevedeva l'uso di inchiostro e ago. Questi primi tatuaggi erano semplici e spesso improvvisati, ma furono fondamentali per lo sviluppo delle sue abilità.

Trasferimento alle Hawaii

Dopo diversi anni di viaggio come marinaio, Collins si stabilì a Honolulu, Hawaii, negli anni '30. Le Hawaii erano un crocevia di culture e influenze, e questo ambiente vibrante ebbe un impatto significativo sullo sviluppo del suo stile. Honolulu, con il suo porto trafficato, era un punto di incontro per marinai di tutto il mondo, molti dei quali cercavano di commemorare i loro viaggi con un tatuaggio. Collins aprì il suo studio di tatuaggi a Chinatown, una zona nota per la sua vivace vita notturna e la presenza di molti marinai.

Lo studio di Sailor Jerry a Honolulu divenne rapidamente famoso tra i marinai. Era un luogo dove si potevano ottenere tatuaggi di alta qualità in un ambiente pulito e professionale, una rarità per l'epoca. Collins era noto per la sua disciplina e la sua attenzione ai dettagli, qualità che gli permisero di guadagnarsi una reputazione di eccellenza. Inoltre, l'influenza delle culture asiatiche presenti nelle Hawaii arricchì il suo stile, portandolo a incorporare elementi della tradizione giapponese nei suoi disegni.

Lo Stile Distintivo di Sailor Jerr

Il tatuaggio tradizionale americano, o "old school", è caratterizzato da linee spesse, colori vivaci e motivi audaci. Sailor Jerry perfezionò e definì questo stile, creando opere che erano immediatamente riconoscibili. I suoi tatuaggi spesso raffiguravano temi marittimi, come ancore, navi e sirene, oltre a simboli patriottici e figure iconiche come aquile e pin-up. Questi soggetti non erano solo decorativi, ma portavano anche significati simbolici profondi per chi li indossava.

Uno degli aspetti più distintivi del lavoro di Collins era la qualità delle linee. Le sue linee erano nette e precise, una caratteristica che richiedeva grande abilità tecnica. Utilizzava aghi appositamente modificati per ottenere questo effetto e migliorava costantemente i suoi strumenti per garantire la massima qualità. Oltre alle linee, i colori vivaci erano un altro segno distintivo del suo stile. Sailor Jerry utilizzava pigmenti di alta qualità che rendevano i suoi tatuaggi durevoli e vibranti nel tempo.

Innovazioni Tecniche

Collins non era solo un artista, ma anche un innovatore. Fu uno dei primi tatuatori a utilizzare aghi di qualità superiore, che rendevano i tatuaggi meno dolorosi e più duraturi. Inoltre, sviluppò nuove tecniche di shading che davano profondità e realismo ai suoi disegni. La sua dedizione alla perfezione tecnica stabilì nuovi standard nell'industria del tatuaggio, influenzando molti dei suoi contemporanei e successori.

Sailor Jerry fu anche un pioniere nell'uso dell'igiene e della sicurezza nei tatuaggi. In un'epoca in cui i tatuaggi erano spesso eseguiti in condizioni non igieniche, Collins introdusse pratiche rigorose di pulizia e sterilizzazione. Questo non solo proteggeva i suoi clienti da infezioni, ma elevava anche la reputazione del tatuaggio come arte rispettabile e professionale. Grazie a queste innovazioni, il suo studio a Honolulu divenne un modello per altri tatuatori.

L'Influenza dell'Arte Giapponese

Durante la sua permanenza alle Hawaii, Collins entrò in contatto con diversi maestri tatuatori giapponesi. Fu profondamente influenzato dalla loro arte, caratterizzata da disegni intricati e una filosofia estetica unica. Incorporò molti elementi dello stile giapponese nei suoi tatuaggi, come l'uso del colore e la rappresentazione di animali mitologici. Questa fusione di stili orientali e occidentali diede vita a un linguaggio visivo unico che distingueva il suo lavoro da quello degli altri tatuatori.

L'influenza giapponese si rifletteva non solo nei disegni, ma anche nell'approccio filosofico di Collins al tatuaggio. I tatuaggi giapponesi tradizionali, o "irezumi", erano spesso visti come opere d'arte che raccontavano storie e trasmettevano significati profondi. Sailor Jerry adottò questo approccio, creando tatuaggi che non erano solo decorazioni, ma simboli di esperienze di vita e credenze personali.

L'Eredità del Suo Stile

La carriera di Sailor Jerry ha lasciato un'impronta indelebile sull'industria del tatuaggio. Il suo stile distintivo, la sua dedizione alla qualità e le sue innovazioni tecniche hanno influenzato innumerevoli artisti. Molti tatuatori moderni considerano Sailor Jerry una delle principali influenze sul loro lavoro e continuano a emulare il suo stile e le sue tecniche. Il tatuaggio tradizionale americano rimane uno dei più popolari stili di tatuaggio oggi, grazie in gran parte al lavoro pionieristico di Collins.

Oltre all'influenza tecnica e stilistica, l'approccio di Sailor Jerry al tatuaggio come forma d'arte rispettabile e professionale ha contribuito a cambiare la percezione pubblica del tatuaggio. Prima del suo tempo, i tatuaggi erano spesso visti come segni di ribellione o devianza. Grazie alla sua dedizione alla qualità e alla professionalità, Collins ha contribuito a elevare il tatuaggio a una forma d'arte riconosciuta e rispettata.

Il Marchio Sailor Jerry

Dopo la sua morte nel 1973, l'eredità di Sailor Jerry continuò a crescere. I suoi disegni divennero icone culturali e il suo nome fu associato a una linea di prodotti che includevano rum, abbigliamento e accessori. Il marchio Sailor Jerry è diventato sinonimo di qualità e autenticità, mantenendo vivo lo spirito e l'estetica di Norman Keith Collins.

Il rum Sailor Jerry, in particolare, ha avuto un grande successo commerciale. La bottiglia stessa è adornata con i disegni di Collins, portando la sua arte a un pubblico ancora più vasto. Il marchio ha anche collaborato con artisti e designer per creare collezioni di abbigliamento e accessori, celebrando lo stile e l'influenza di Sailor Jerry nel mondo moderno. Queste collaborazioni hanno aiutato a mantenere rilevante il suo lavoro e a introdurre la sua arte a nuove generazioni.

La carriera di Sailor Jerry è un esempio luminoso di come l'arte possa evolversi e prosperare anche in contesti inaspettati. Dal porto di Honolulu, Collins ha creato un'eredità che ha attraversato decenni e continenti, influenzando non solo il mondo del tatuaggio ma anche la cultura popolare. Il suo stile distintivo, le sue innovazioni tecniche e la sua dedizione alla qualità hanno stabilito nuovi standard e aperto la strada a future generazioni di tatuatori.

In questo capitolo, abbiamo esplorato come la combinazione di talento, innovazione e un profondo rispetto per la tradizione abbia permesso a Sailor Jerry di lasciare un'impronta indelebile nella storia del tatuaggio.

La sua carriera è un tributo all'arte del tatuaggio e un esempio di come un individuo possa trasformare una passione in un'eredità duratura.

Capitolo 3: Opere Iconiche e Simbolismo

La leggenda di Sailor Jerry, al secolo Norman Keith Collins, è intrinsecamente legata alle sue opere iconiche, che non solo hanno definito uno stile, ma hanno anche portato con sé un simbolismo profondo e radicato. I tatuaggi di Sailor Jerry sono immediatamente riconoscibili per i loro contorni audaci, l'uso vibrante del colore e i temi marittimi che richiamano la vita avventurosa dei marinai. In questo capitolo, esploreremo alcune delle sue opere più celebri, analizzando sia gli aspetti tecnici che quelli simbolici, per comprendere meglio l'impatto duraturo che hanno avuto sulla cultura del tatuaggio.

L'Aquila Americana

Uno dei soggetti più iconici nei tatuaggi di Sailor Jerry è l'aquila americana. Questo simbolo nazionale rappresenta forza, libertà e patriottismo, valori profondamente radicati nella cultura americana. L'aquila di Sailor Jerry è spesso raffigurata con le ali spiegate, artigli affilati e uno sguardo feroce, pronta a difendere la libertà a qualsiasi costo. I dettagli intricati del piumaggio e la vivacità dei colori rendono ogni tatuaggio di aquila un'opera d'arte a sé stante. Il simbolismo dell'aquila era particolarmente significativo per i marinai, che vedevano in essa un simbolo di protezione e forza durante i lunghi viaggi in mare.

Le Pin-Up

Le pin-up di Sailor Jerry sono tra i tatuaggi più riconoscibili e amati. Queste figure femminili stilizzate, spesso raffigurate in pose seducenti, erano un modo per i marinai di portare con sé un po' di casa e di romanticismo durante i loro viaggi. Le pin-up non erano solo simboli di bellezza e desiderio, ma rappresentavano anche la speranza e il conforto in tempi di lontananza e solitudine. Sailor Jerry era maestro nel catturare l'essenza della femminilità, usando linee fluide e colori vivaci per dare vita a figure che erano allo stesso tempo forti e affascinanti. Questi tatuaggi erano un promemoria della vita che attendeva i marinai al loro ritorno, un legame tangibile con il mondo da cui erano temporaneamente separati.

Le Navi e le Ancore

Navi e ancore sono simboli onnipresenti nei tatuaggi di Sailor Jerry, riflettendo direttamente la vita e l'esperienza dei marinai. Le navi, spesso raffigurate in dettaglio con vele spiegate e onde tumultuose, rappresentano il viaggio, l'avventura e la libertà. Ogni nave racconta una storia di scoperta e di sfida contro gli elementi, un tema che risuona profondamente con lo spirito dei marinai.

Le ancore, d'altra parte, simboleggiano stabilità e sicurezza. Un tatuaggio di ancora era un modo per un marinaio di esprimere il desiderio di ritornare a un luogo sicuro, di trovare una base solida nonostante le incertezze del mare. L'ancora rappresentava anche la connessione con la terraferma, un punto fermo in una vita altrimenti instabile. Il modo in cui Sailor Jerry disegnava le ancore, con linee decise e dettagli meticolosi, sottolineava la loro importanza e il loro significato profondo.

I Draghi e i Motivi Orientali

L'influenza della cultura giapponese sui lavori di Sailor Jerry è evidente nei suoi tatuaggi di draghi e nei motivi orientali. Dopo aver trascorso del tempo in Giappone e aver studiato con i maestri tatuatori locali, Collins incorporò elementi dell'arte giapponese nei suoi disegni, creando una fusione unica tra lo stile tradizionale americano e quello orientale. I draghi di Sailor Jerry sono potenti e dinamici, simboli di forza, saggezza e protezione. I dettagli intricati e l'uso sapiente del colore riflettono l'abilità tecnica di Collins e il suo rispetto per la tradizione giapponese.

Altri motivi orientali, come le carpe koi e le tigri, arricchiscono ulteriormente il repertorio di Sailor Jerry, portando una dimensione esotica e misteriosa ai suoi tatuaggi. Questi elementi non solo arricchivano il design visivo, ma portavano anche con sé significati profondi, legati alla perseveranza, al coraggio e alla rinascita. La capacità di Sailor Jerry di integrare queste influenze culturali diverse nei suoi tatuaggi ha contribuito a stabilire nuovi standard e a espandere l'orizzonte dell'arte del tatuaggio.

Il Teschio e le Dicerie di Morte

Il teschio è un altro simbolo ricorrente nei tatuaggi di Sailor Jerry, carico di significato. Tradizionalmente, il teschio rappresenta la mortalità, un promemoria costante della finitezza della vita. Per i marinai, che affrontavano quotidianamente i pericoli del mare, il teschio era un simbolo di memento mori, un ricordo della fragilità della vita e della necessità di vivere appieno ogni momento. Sailor Jerry raffigurava il teschio in vari contesti, spesso accompagnato da fiamme, serpenti o rose, ciascuno dei quali aggiungeva ulteriori strati di significato e simbolismo.

Il Cuore e le Rondini

I cuori e le rondini sono simboli di amore e speranza, temi centrali nei tatuaggi di Sailor Jerry. Il cuore, spesso trafitto da una freccia o adornato con un nastro su cui è scritto il nome di una persona cara, rappresenta l'amore e l'affetto per coloro che si trovano lontano. Questo simbolo era particolarmente significativo per i marinai che passavano lunghi periodi lontano da casa e dai loro cari. Il cuore tatuato sulla pelle era un modo per portare con sé un pezzo di chi amavano, un legame tangibile e permanente.

Le rondini, invece, sono simboli di ritorno sicuro e di speranza. Nella tradizione marinaresca, si credeva che vedere una rondine fosse segno che la terra era vicina. Per questo motivo, un tatuaggio di rondine rappresentava il desiderio di un ritorno sicuro e la speranza di ritrovare la propria famiglia e i propri amici. Le rondini di Sailor Jerry, con le loro linee eleganti e i colori brillanti, catturano perfettamente questo sentimento di speranza e aspirazione.

Le Sirene e le Creature Mitologiche

Le sirene e altre creature mitologiche appaiono frequentemente nei lavori di Sailor Jerry, aggiungendo un tocco di fantasia e mistero ai suoi tatuaggi. Le sirene, con il loro fascino e la loro bellezza ammaliante, rappresentano la seduzione e il pericolo del mare. Esse incarnano il dualismo della vita marinaresca: l'attrazione irresistibile dell'avventura e il pericolo sempre presente che essa comporta. Le sirene di Sailor Jerry sono raffigurate con dettagli intricati e una bellezza quasi eterea, rendendo omaggio al loro fascino mitologico.

Altre creature mitologiche, come i grifoni e i serpenti marini, arricchiscono ulteriormente l'iconografia dei suoi tatuaggi. Questi simboli non solo aggiungono profondità visiva, ma portano anche con sé leggende e storie che alimentano l'immaginazione. La capacità di Sailor Jerry di attingere a questo vasto repertorio di simbolismo mitologico dimostra la sua conoscenza e la sua abilità nel creare tatuaggi che sono sia esteticamente accattivanti che profondamente significativi.

L'Influenza della Cultura Tiki

Un altro elemento distintivo nei tatuaggi di Sailor Jerry è l'influenza della cultura Tiki, derivata dalla sua vita alle Hawaii. Le immagini di tiki, maschere polinesiane e altri simboli dell'oceano Pacifico arricchiscono il suo lavoro, portando un tocco esotico e tropicale. Questi simboli erano non solo decorativi, ma portavano con sé un significato culturale profondo, legato alla spiritualità e alla protezione.

Le maschere tiki, per esempio, erano considerate potenti talismani che proteggevano chi le indossava dagli spiriti maligni. Nei tatuaggi di Sailor Jerry, queste maschere erano raffigurate con dettagli elaborati, catturando l'essenza della loro potenza protettiva. L'uso di questi simboli nei suoi tatuaggi mostra come Sailor Jerry sia riuscito a integrare le influenze locali nella sua arte, rendendo omaggio alla cultura delle isole del Pacifico.

Le opere di Sailor Jerry non sono semplici disegni sulla pelle, ma racconti viventi che parlano di avventura, amore, speranza e sfida. Ogni tatuaggio creato da Collins è un'opera d'arte unica che combina abilità tecnica, immaginazione e simbolismo profondo. La sua capacità di fondere stili e influenze diverse ha reso i suoi tatuaggi non solo esteticamente affascinanti, ma anche carichi di significato, offrendo a chi li indossa una connessione personale con una storia più grande.

Attraverso le sue opere iconiche, Sailor Jerry ha lasciato un'eredità che continua a ispirare e a influenzare il mondo del tatuaggio. I simboli che ha scelto e i modi in cui li ha rappresentati hanno definito un'era e stabilito nuovi standard per ciò che un tatuaggio può essere e rappresentare. In questo capitolo, abbiamo esplorato solo alcuni degli elementi che rendono i tatuaggi di Sailor Jerry così speciali, ma ogni disegno porta con sé una parte del suo spirito e della sua visione, rendendo il suo lavoro eternamente rilevante e ammirato.

Capitolo 4: Sailor Jerry e la Marina Militare

L'epoca di Sailor Jerry, nata dal periodo tra le due guerre mondiali fino alla metà del XX secolo, è intrinsecamente legata alla vita marinara. La sua carriera come tatuatore è fortemente intrecciata con la storia della Marina Militare degli Stati Uniti, e i suoi disegni riflettono questa connessione profonda. Questo capitolo esplora la relazione tra Sailor Jerry e la Marina Militare, esaminando come questa relazione abbia influenzato il suo lavoro e il modo in cui i suoi tatuaggi sono diventati simboli di identità e orgoglio tra i marinai.

La Vita di Mare

Norman Keith Collins, meglio conosciuto come Sailor Jerry, iniziò la sua avventura nel mondo dei tatuaggi proprio grazie alla vita di mare. A soli quattordici anni, lasciò casa per viaggiare per il mondo come marinaio. Fu durante questi viaggi che entrò in contatto con la cultura del tatuaggio, che era già una tradizione consolidata tra i marinai. I tatuaggi servivano come segni di riconoscimento, simboli di avventure e ricordi delle esperienze vissute in mare.

La vita di mare offrì a Collins una vasta gamma di esperienze e influenze. Viaggiò in Asia, dove ebbe l'opportunità di osservare e apprendere le tecniche di tatuaggio giapponesi. Queste tecniche e i motivi orientali che vide in Giappone ebbero un'influenza duratura sul suo stile. Quando Collins si stabilì a Honolulu, Hawaii, nel 1930, aprì uno studio di tatuaggi che divenne rapidamente un punto di riferimento per i marinai che passavano per il Pacifico.

Il Ruolo della Marina Militare

La Marina Militare degli Stati Uniti giocò un ruolo cruciale nello sviluppo della carriera di Sailor Jerry. Durante la Seconda Guerra Mondiale, Honolulu era una base militare strategica e un punto di sosta per molte navi. I marinai, durante i loro momenti di riposo a terra, spesso visitavano gli studi di tatuaggi per segnare le loro esperienze e avventure sul corpo.

Sailor Jerry divenne famoso tra i marinai non solo per la qualità del suo lavoro, ma anche per la sua comprensione delle loro vite e delle loro storie. I suoi tatuaggi spesso rappresentavano simboli di orgoglio militare, come ancore, navi, e aquile, nonché temi patriottici e ricordi personali. Questi disegni non erano solo decorativi, ma portavano con sé significati profondi e personali per chi li indossava.

Simbolismo e Tematiche nei Tatuaggi

I tatuaggi di Sailor Jerry sono celebri per il loro simbolismo e per la rappresentazione di temi legati alla vita militare e marinaresca. Alcuni dei simboli più comuni includevano ancore, che rappresentavano stabilità e sicurezza; rondini, che simboleggiavano il ritorno sicuro a casa; e sirene, che evocavano il fascino e il pericolo del mare.

Le ancore, in particolare, erano tra i simboli più popolari. Oltre a rappresentare la stabilità, erano anche un segno distintivo che indicava che chi li portava aveva attraversato l'Atlantico, un'impresa di notevole rispetto. Le rondini, invece, erano tatuate solitamente dopo un viaggio di 5000 miglia nautiche, rappresentando non solo la distanza percorsa ma anche la speranza di un ritorno sicuro.

Le sirene, spesso raffigurate con dettagli sensuali, rappresentavano il fascino e il pericolo del mare. Erano simboli di tentazione, riflettendo la bellezza e l'insidiosità dell'oceano. Questi disegni non erano solo decorativi, ma portavano con sé storie di avventure, conquiste e il costante desiderio di tornare a casa.

L'Influenza Giapponese

Una delle caratteristiche distintive del lavoro di Sailor Jerry era l'influenza giapponese. Durante i suoi viaggi, Collins aveva stretto amicizia con Horihito, un famoso tatuatore giapponese. Da lui, Collins imparò tecniche avanzate di shading e utilizzo del colore, che integrò nel suo stile tradizionale americano. Questa fusione di tecniche orientali e occidentali risultò in un nuovo stile di tatuaggio che combinava il meglio di entrambi i mondi.

Gli elementi giapponesi nei disegni di Sailor Jerry includevano draghi, carpe koi, e figure mitologiche. Questi motivi non solo arricchivano il repertorio iconografico di Collins, ma aggiungevano anche un livello di profondità e complessità ai suoi tatuaggi. I draghi, per esempio, simboleggiavano forza, saggezza e protezione, mentre le carpe koi rappresentavano perseveranza e determinazione.

L'Impatto sulla Cultura del Tatuaggio

SAILOR JERRY

L'influenza di Sailor Jerry sulla cultura del tatuaggio va oltre i singoli disegni. Egli contribuì a elevare il tatuaggio da semplice segno di ribellione a forma d'arte rispettata. Le sue innovazioni tecniche, come l'uso di pigmenti di alta qualità e miglioramenti negli aghi e nelle macchine per tatuaggi, stabilirono nuovi standard nell'industria. La sua attenzione ai dettagli e l'abilità artistica spinsero molti altri tatuatori a migliorare le proprie tecniche e a vedere il tatuaggio sotto una nuova luce.

Inoltre, Sailor Jerry era noto per il suo rigore e la sua etica professionale. Insisteva sulla sterilizzazione degli strumenti e sulle pratiche igieniche, molto prima che diventassero standard nell'industria. Questo approccio professionale contribuì a migliorare la reputazione del tatuaggio e a renderlo più accettabile e rispettato nella società.

Testimonianze e Racconti

Le testimonianze di marinai e colleghi tatuatori dipingono un quadro vivido di chi era Sailor Jerry e dell'impatto che aveva su chi lo incontrava. Molti marinai ricordano Collins come un uomo affabile e schietto, con una passione genuina per il suo lavoro e un rispetto profondo per le storie che i suoi clienti portavano con sé.

Un marinaio, intervistato anni dopo la guerra, raccontò di come il tatuaggio di una sirena fatto da Sailor Jerry fosse diventato un simbolo di speranza e conforto durante i lunghi mesi in mare. Un altro ricorda come l'ancora tatuata da Collins rappresentasse per lui non solo la sua appartenenza alla Marina, ma anche la forza e la resilienza necessarie per affrontare le sfide della vita militare.

Colleghi tatuatori, come Don Ed Hardy, hanno spesso parlato dell'influenza di Sailor Jerry sul loro lavoro e sull'industria del tatuaggio in generale. Hardy, in particolare, ha sottolineato come Collins fosse un pioniere nel combinare elementi orientali e occidentali, creando un nuovo stile che avrebbe influenzato generazioni di tatuatori.

Eredità Duratura

L'eredità di Sailor Jerry nel contesto della Marina Militare e del tatuaggio è profonda e duratura. I suoi disegni continuano a essere apprezzati e replicati, e il suo nome è sinonimo di tatuaggio tradizionale americano. Il marchio Sailor Jerry, che oggi include non solo tatuaggi ma anche rum e abbigliamento, mantiene vivo il suo spirito e la sua estetica, portando avanti il suo patrimonio culturale.

L'influenza di Collins si estende anche alla formazione di nuovi tatuatori. Molti artisti contemporanei vedono in Sailor Jerry un modello da seguire, non solo per le sue capacità artistiche, ma anche per la sua dedizione alla professione e alla perfezione tecnica. Le sue innovazioni e il suo stile distintivo continuano a ispirare tatuatori in tutto il mondo, mantenendo viva la tradizione del tatuaggio old school.

La relazione tra Sailor Jerry e la Marina Militare non è solo un aspetto della sua biografia, ma un elemento fondamentale che ha plasmato la sua carriera e il suo stile. I suoi tatuaggi, intrisi di simbolismo marinaro e di tecniche avanzate, riflettono l'essenza della vita di mare e della cultura militare. Attraverso il suo lavoro, Sailor Jerry ha creato un ponte tra due mondi, elevando il tatuaggio a una forma d'arte rispettata e influenzando generazioni di artisti e appassionati.

In questo capitolo, abbiamo esplorato come la vita di mare abbia influenzato Sailor Jerry, i simboli e i temi presenti nei suoi tatuaggi, l'impatto delle sue innovazioni tecniche e la sua eredità duratura. La storia di Sailor Jerry è una testimonianza del potere dell'arte di trasformare vite e culture, e il suo lavoro continua a risuonare con chiunque apprezzi la bellezza e il significato di un tatuaggio ben fatto.

Capitolo 5: L'Eredità di Sailor Jerry

L'eredità di Sailor Jerry va ben oltre i confini della sua vita e del suo studio di tatuaggi a Honolulu. È un'impronta indelebile nella cultura popolare, un'icona che continua a ispirare e influenzare generazioni di artisti, appassionati di tatuaggi e non solo. In questo capitolo, esploreremo l'impatto duraturo di Norman Keith Collins, altrimenti noto come Sailor Jerry, e il modo in cui la sua arte ha plasmato il panorama del tatuaggio moderno e oltre.

L'Influenza sui Tatuatori Contemporanei

Il lavoro di Sailor Jerry ha servito da ispirazione per molti tatuatori contemporanei. Il suo stile audace e iconico, caratterizzato da linee nitide e colori vibranti, continua a essere una fonte di ammirazione e studio per gli artisti di tutto il mondo. I tatuatori che hanno abbracciato lo stile tradizionale americano spesso citano Sailor Jerry come una delle loro più grandi influenze. Le sue opere sono considerate dei veri e propri classici nel campo del tatuaggio e sono spesso reinterpretate e omaggiate da artisti moderni che cercano di onorare il suo lascito.

La Nascita del Marchio Sailor Jerry

Dopo la morte di Norman Keith Collins nel 1973, il suo lavoro e il suo nome hanno continuato a vivere attraverso il marchio Sailor Jerry. L'azienda è stata fondata nel 1999 da alcuni amici di Collins, con l'obiettivo di preservare e promuovere il suo spirito e la sua estetica unici. Oggi, il marchio Sailor Jerry è diventato sinonimo di autenticità, artigianalità e ribellione. Produce una vasta gamma di prodotti, tra cui rum, abbigliamento, accessori e oggettistica, tutti ispirati al mondo dei tatuaggi tradizionali americani e allo spirito indomito di Sailor Jerry.

Cultura e Controversie

Nonostante il suo successo postumo, Sailor Jerry non è stato immune dalle controversie. Alcuni critici hanno sollevato questioni riguardo alla commercializzazione e alla diluizione del suo lavoro, sostenendo che il marchio Sailor Jerry abbia capitalizzato sull'immagine di un uomo che era noto per la sua avversione al conformismo e al capitalismo sfrenato. Tuttavia, molti difensori del marchio Sailor Jerry sostengono che l'azienda sia riuscita a preservare e promuovere l'eredità di Collins in modo autentico e rispettoso.

Impacto Cultural

L'eredità di Sailor Jerry si estende ben oltre il mondo del tatuaggio. Il suo lavoro ha influenzato la cultura popolare in generale, ispirando la moda, la musica, il cinema e l'arte. I suoi disegni iconici sono stati ripresi in numerose forme di media, e la sua estetica è diventata parte integrante dell'immaginario collettivo. Inoltre, la sua vita e il suo lavoro sono stati oggetto di studi accademici e documentari, che cercano di comprendere meglio il suo impatto sulla cultura contemporanea.

L'eredità di Sailor Jerry è una testimonianza del potere dell'arte di influenzare e ispirare le persone. Il suo stile distintivo e la sua filosofia di vita hanno lasciato un'impronta indelebile sulla cultura del tatuaggio e sulla cultura popolare in generale. Attraverso il marchio Sailor Jerry e il continuo interesse per il suo lavoro, Norman Keith Collins vive ancora oggi, come una figura leggendaria il cui spirito ribelle e creativo continua a risuonare con molte persone in tutto il mondo.

Capitolo 6: Interviste, Testimonianze e Cultura Moderna

In questo capitolo, ci immergeremo nelle interviste e nelle testimonianze di coloro che hanno conosciuto Sailor Jerry, così come esploreremo il suo impatto duraturo sulla cultura moderna e sull'industria del tatuaggio.

Interviste con Amici, Colleghi e Clienti

Per comprendere appieno l'uomo dietro il mito di Sailor Jerry, abbiamo raccolto testimonianze da coloro che lo hanno conosciuto personalmente. Amici d'infanzia, colleghi tatuatori e clienti affezionati hanno condiviso ricordi e aneddoti che ci aiutano a dipingere un quadro più completo di chi era Norman Keith Collins.

Tra le testimonianze più toccanti ci sono quelle dei suoi amici più stretti, che lo descrivono come un uomo generoso, schietto e sempre fedele alle sue convinzioni. I colleghi tatuatori condividono storie di come Sailor Jerry li abbia ispirati e incoraggiati nella loro arte, trasmettendo il suo spirito ribelle e la sua dedizione alla perfezione tecnica.

Le testimonianze dei clienti sono altrettanto preziose, offrendoci uno sguardo privilegiato sulla relazione unica che si è creata tra Sailor Jerry e coloro che si sono seduti sulla sua sedia. Molti ricordano con affetto non solo i loro tatuaggi, ma anche le conversazioni stimolanti e i consigli saggi che hanno ricevuto da lui durante le sedute di tatuaggio.

Evoluzione del Marchio Sailor Jerry e la Sua Presenza Oggi

Oltre alle testimonianze personali, esploreremo anche l'evoluzione del marchio Sailor Jerry e la sua presenza nella cultura moderna. Dalla vendita di tatuaggi e articoli di abbigliamento alla produzione di rum, il marchio Sailor Jerry ha ampliato il suo raggio d'azione, portando l'estetica di Sailor Jerry a un pubblico ancora più vasto.

Analizzeremo anche la sua presenza online e sui social media, dove continua a mantenere una forte base di fan e seguaci. Attraverso pagine Instagram, gruppi Facebook e altri canali online, i fan di Sailor Jerry condividono disegni, storie e ricordi, mantenendo viva la sua eredità e celebrando il suo lavoro.

Inoltre, esploreremo come la cultura popolare abbia abbracciato l'estetica di Sailor Jerry. Dai film ai videogiochi, dai concerti di musica punk ai festival di tatuaggi, i riferimenti a Sailor Jerry sono diffusi in molte forme di media e intrattenimento. Questo capitolo delinea l'impatto duraturo che Sailor Jerry ha avuto sulla cultura popolare, dimostrando che il suo lavoro continua a ispirare e influenzare generazioni di artisti e appassionati.

In conclusione, le interviste, le testimonianze e l'analisi della presenza moderna del marchio Sailor Jerry ci permettono di apprezzare appieno l'eredità di Norman Keith Collins. Oltre ad essere un tatuatore straordinario, Sailor Jerry era un uomo di profonda saggezza e integrità, il cui impatto sulla cultura del tatuaggio e sulla cultura popolare in generale è ancora evidente oggi.

Attraverso le voci di coloro che lo hanno conosciuto e celebrato, e attraverso l'esame della sua presenza continua nella cultura moderna, speriamo di rendere giustizia al genio artistico e alla personalità unica di Sailor Jerry. Che si tratti di una semplice illustrazione su una bottiglia di rum o di un intricato tatuaggio sulla pelle, il suo lavoro continua a vivere e a ispirare, dimostrando che il suo spirito ribelle e la sua dedizione all'arte sono immortali.

REGOLE NON SCRITTE OLD SCHOOL

Esistono delle norme non scritte che ogni appassionato di tatuaggi dovrebbe tenere a mente e rispettare.

Ecco un riassunto dei punti principali:

GUANTONI DA PUGILATO

La pratica di tatuare guantoni da pugilato esclusivamente su persone che praticano effettivamente questo sport è una dimostrazione di rispetto per la cultura e l'essenza della boxe. Incanalando il simbolismo di forza e disciplina in forma d'arte permanente, questo approccio richiede una sensibilità nei confronti del significato unico e autentico dei guantoni da pugilato. Per rispettare la tradizione e l'autenticità, il tatuatore potrebbe richiedere al cliente di dimostrare un legame con il mondo della boxe, presentando attrezzature personali o documentazione di partecipazione agli incontri.

SIMBOLI POLITICI

Alcuni tatuatori potrebbero scegliere di evitare di tatuare simboli politici per rispettare le opinioni diverse della clientela e per mantenere un ambiente aperto e rispettoso. Questa scelta riflette il desiderio di evitare controversie e di concentrarsi su motivi più universali che possano unire le persone anziché dividerle. Inoltre, tatuare simboli politici potrebbe portare a futuri rimpianti se le opinioni del cliente cambiano nel tempo.

MANI E VOLTO

Un tatuatore etico potrebbe dissuadere i clienti dal farsi tatuare su mani e volto per proteggere la loro futura carriera e riservare alcune parti del corpo per tatuaggi più intimi e personali.

STELLE SU SPALLE E GINOCCHIA

Alcune persone potrebbero associare le stelle tatuate su spalle e ginocchia con la cultura della mafia russa. Anche se questa associazione può variare a seconda del contesto culturale, è importante considerare le possibili interpretazioni e evitarle se non rispecchiano l'intento del cliente.

RONDINI SU MANI E PETTO

Le rondini, se tatuate su mani o petto, potrebbero evocare simbolismi indesiderati legati alla prigionia o alla tradizione marinaresca. Per rispettare la storia e il significato tradizionale, potrebbe essere consigliabile evitarle in queste zone del corpo.

ROSE SUL PETTO

Tatuare rose sul petto potrebbe essere associato a simbolismi non intenzionali, soprattutto in determinati contesti culturali. Prima di scegliere questo tipo di tatuaggio, è consigliabile riflettere sulle possibili interpretazioni e considerare alternative che rispettino la storia e il significato tradizionale delle rose.

SCRITTE CONTRO LE FORZE DELL'ORDINE

Alcuni tatuatori potrebbero scegliere di evitare di eseguire tatuaggi con scritte offensive contro le forze dell'ordine per rispettare le istituzioni e mantenere un ambiente rispettoso. Evitare contenuti offensivi può contribuire a preservare la reputazione professionale del tatuatore e a promuovere un'esperienza di tatuaggio positiva per tutti i clienti.

NOMI DI PARTNER SENTIMENTALI

Evitare di tatuarti i nomi dei partner sentimentali può aiutare a prevenire futuri rimpianti in caso di cambiamenti nelle dinamiche relazionali. Un buon tatuatore consiglia alternative creative che catturino l'essenza delle relazioni senza necessariamente tatuarne i nomi.

SIMBOLI SATANICI

La scelta di simboli satanici nei tatuaggi può essere controversa e potrebbe portare a fraintendimenti o giudizi negativi da parte della società. Un tatuatore etico consiglia di riflettere attentamente sulle implicazioni sociali e culturali prima di scegliere simboli di questo tipo.

RICORDATI DEL PENTIMENTO

Se ti penti di un tatuaggio, ci sono diverse opzioni disponibili per rimediare, tra cui la rimozione laser, il cover-up con un nuovo tatuaggio, o la modifica del disegno esistente. È importante consultare un professionista per valutare la migliore soluzione per te e la tua pelle.

100 CURIOSITA' / LEGGENDE / SIGNIFICATI TATTOO

1. Origini Militari: I tatuaggi old school hanno radici profonde nella cultura militare, specialmente tra i marinai americani che li usavano come amuleti di protezione e simboli di avventure vissute.

2. Norman "Sailor Jerry" Collins: Sailor Jerry è considerato uno dei pionieri dei tatuaggi old school. Ha sviluppato uno stile caratterizzato da linee spesse e colori vivaci, diventando una leggenda nel mondo del tatuaggio.

3. Ancore: Simbolo di stabilità e forza, le ancore erano comuni tra i marinai che volevano mostrare la loro connessione con il mare.

4. Rondini: I marinai si tatuavano rondini per ogni 5000 miglia percorse, simboleggiando il ritorno sicuro a casa.

5. Rose: Spesso rappresentano amore e bellezza, ma nelle tradizioni marinare potevano anche simboleggiare la fiducia e la speranza.

6. Pugnali: Rappresentano il coraggio, la forza e la capacità di superare le difficoltà.

7. Pin-Up Girls: Tatuaggi di pin-up erano popolari tra i marinai come simbolo di desiderio e nostalgia per le donne lasciate a casa.

8. Teschi e ossa incrociate: Questi tatuaggi sono simboli di ribellione, mortalità e sfida contro la morte.

9. Serpenti: Simbolo di protezione, saggezza e rinascita

10. Cuori con nastri: Spesso includono nomi o messaggi d'amore, rappresentando affetti profondi.

11. Draghi: Nei tatuaggi old school, i draghi simboleggiano forza, potere e protezione.

12. Stelle nautiche: Utilizzate dai marinai per guidarsi, simboleggiano orientamento e sicurezza nei viaggi.

13. Sirene: Rappresentano il fascino del mare e il pericolo, essendo figure mitologiche che attirano i marinai.

14. Aquiloni: Simbolo di libertà e di raggiungimento di alte vette nella vita.

15. Frecce: Simboleggiano direzione, focus e protezione.

16. Gufi: Spesso associati alla saggezza e alla protezione contro il male.

17. Pantere: Simbolo di potenza e protezione, spesso con un aspetto feroce

18. Tigri: Rappresentano la forza, il coraggio e la determinazione.

19. Dadi: Tatuaggi di dadi simboleggiano il gioco d'azzardo, la fortuna e il destino.

20. Carpe Koi: Simbolo di perseveranza e forza, derivato dalla cultura giapponese.

21. Crocifissi: Simbolo di fede e protezione divina.

22. Lupi: Simbolo di lealtà, forza e spirito di squadra.

23. Lucertole: Rappresentano adattabilità e rigenerazione, capaci di crescere di nuovo parti del corpo.

24. Barche a vela: Simboleggiano il viaggio e l'avventura.

25. Fari: Rappresentano guida e speranza, un faro di luce nel buio.

26. Fiori di ciliegio: Simbolo di bellezza effimera e la natura transitoria della vita.

27. Ragni e ragnatele: Spesso simbolo di pazienza e predatori nascosti.

28. Scorpioni: Rappresentano pericolo, protezione e passione.

29. Cavallucci marini: Simbolo di buona fortuna e protezione nel mare.

30. Fiori di loto: Simbolo di purezza, rinascita e illuminazione.

31. Aquile: Rappresentano libertà, potere e patriottismo.

32. Chiavi e serrature: Simboleggiano segreti e misteri, o l'importanza di qualcosa di prezioso.

33. Maschere tribali: Derivate da culture indigene, simboleggiano forza spirituale e protezione.

34. Candele: Rappresentano luce, speranza e guida spirituale.

35. Rose dei venti: Simbolo di orientamento e scoperta.

36. Frecce spezzate: Rappresentano la pace e la fine di un conflitto.

37. Draghi cinesi: Simbolo di saggezza e protezione nella cultura orientale.

38. Ali d'angelo: Simbolo di protezione e spiritualità.

39. Occhi: Rappresentano visione, protezione e spiritualità.

40. Cigni: Simbolo di grazia, bellezza e amore eterno.

41. Girasoli: Rappresentano felicità, ottimismo e lunga vita.

42. Tatuaggi Maori: Simboleggiano forza, coraggio e appartenenza a una tribù.

43. Celtici: Rappresentano interconnessione, eternità e spiritualità.

44. Tatuaggi marinari giapponesi: Fortemente influenzati dalla cultura samurai, simboleggiano onore e coraggio.

45. Lanterne: Simbolo di guida e illuminazione spirituale.

46. Gatti neri: Simbolo di mistero, indipendenza e protezione contro la sfortuna.

47. Farfalle: Rappresentano trasformazione, libertà e bellezza.

48. Fiori di ibisco: Simbolo di delicatezza, bellezza e serenità.

49. Cigni gemelli: Rappresentano dualità e armonia tra opposti.

50. Elefanti: Simbolo di saggezza, forza e memoria.

51. Fiamme: Rappresentano passione, distruzione e purificazione.

52. Leoni: Simbolo di coraggio, nobiltà e potere.

53. Corone: Rappresentano autorità, potere e regalità.

54. Bandiere: Simbolo di patriottismo e appartenenza.

55. Pesci palla: Rappresentano difesa e protezione.

56. Uccelli del paradiso: Simbolo di esotismo, bellezza e libertà.

57. Delfini: Rappresentano amicizia, protezione e intelligenza.

58. Orsi: Simbolo di forza, protezione e maternità.

59. Lupi solitari: Rappresentano indipendenza, forza e sopravvivenza.

60. Cavalli: Simbolo di libertà, potenza e nobiltà.

61. Leopardi: Rappresentano agilità, astuzia e potenza.

62. Fenici: Simbolo di rinascita e resurrezione dalle ceneri.

63. Grifoni: Rappresentano guardiani e protettori dei tesori.

64. Cervo: Simbolo di grazia, rinascita e spiritualità.

65. Dragoni europei: Rappresentano la forza e la protezione, ma anche il pericolo e il caos.

66. Bastoni da passeggio: Simbolo di viaggio, esplorazione e avventura.

67. Chiavi antiche: Rappresentano misteri nascosti e saggezza antica.

68. Orologi da tasca: Simbolo del tempo, della mortalità e dell'eternità.

69. Stelle cadenti: Rappresentano desideri, speranze e cambiamenti.

70. Occhi che piangono: Simbolo di perdita, dolore e memoria.

71. Pugnali con serpenti: Rappresentano pericolo, tradimento e protezione.

72. Denti di squalo: Simbolo di protezione e forza marina.

73. Frecce direzionali: Rappresentano guida, obiettivi e determinazione.

74. Ali di pipistrello: Simbolo di mistero, oscurità e protezione.

75. Maschere teatrali: Rappresentano la dualità della vita, gioia e tristezza.

76. Fiori di campo: Simbolo di semplicità, bellezza naturale e libertà.

77. Alberi della vita: Rappresentano crescita, connessione e immortalità.

78. Piume: Simbolo di leggerezza, libertà e connessione spirituale.

79. Farfalle notturne: Rappresentano mistero, trasformazione e oscurità.

80. Cavalli marini: Simbolo di agilità, protezione e forza marina.

81. Cipressi: Rappresentano longevità, resistenza e vita eterna.

82. Chitarre e strumenti musicali: Simbolo di passione, creatività e arte.

83. Rose rosse: Rappresentano amore profondo, passione e desiderio.

84. Mani incrociate: Simbolo di alleanza, amicizia e protezione.

85. Vele al vento: Rappresentano libertà, avventura e il viaggio della vita.

86. Frecce spezzate: Simbolo di pace, risoluzione e fine del conflitto.

87. Frecce con piume: Rappresentano guida, spiritualità e connessione con la natura.

88. Draghi cinesi: Simbolo di saggezza, potere e fortuna.

89. Leoni ruggenti: Rappresentano forza, potenza e dominanza.

90. Angeli guardiani: Simbolo di protezione divina, fede e speranza.

91. Cigni innamorati: Rappresentano amore eterno, bellezza e grazia.

92. Denti di lupo: Simbolo di forza, protezione e ferocia.

93. Crocifissi intricati: Rappresentano fede, sacrificio e redenzione.

94. Serpenti intrecciati: Simbolo di dualità, tentazione e saggezza.

95. Fiori di ibisco: Rappresentano bellezza, delicatezza e serenità.

96. Uccelli del paradiso: Simbolo di esotismo, bellezza e libertà

97. Elefanti con decorazioni: Rappresentano saggezza, forza e prosperità.

98. Fiamme danzanti: Simbolo di passione, purificazione e rinascita.

99. Leoni in posa fiera: Rappresentano nobiltà, potenza e coraggio.

100. Aquile in volo: Simbolo di libertà, potere e visione chiara.

CONCLUSIONI

Il viaggio attraverso la vita, l'arte e l'eredità di Sailor Jerry ci ha condotto in un mondo affascinante di creatività, ribellione e passione. In queste pagine, abbiamo esplorato le profondità della vita di Norman Keith Collins, meglio conosciuto come Sailor Jerry, un uomo la cui influenza è andata ben oltre i confini della sua nativa Honolulu, Hawaii, per lasciare un'impronta indelebile sulla cultura del tatuaggio e sulla cultura popolare in generale.

Il Genio Artistico di Sailor Jerry

Al centro di questo libro c'è il genio artistico di Sailor Jerry, un uomo che ha trasformato un'arte antica e spesso misconosciuta in una forma d'espressione rispettata e celebrata. Con il suo stile audace e iconico, Collins ha ridefinito il concetto stesso di tatuaggio tradizionale americano, portando una nuova vitalità e un nuovo senso di significato a un'arte che era stata a lungo relegata ai margini della società.

Le sue opere iconiche, caratterizzate da figure di pin-up, navi, aquile e altri simboli marittimi, sono diventate dei veri e propri emblemi della cultura del tatuaggio. Ma oltre alla bellezza visiva dei suoi disegni, c'è anche una profondità e una complessità che traspare nelle sue opere. Ogni tatuaggio racconta una storia, sia essa di avventura, di amore, di libertà o di ribellione, e rappresenta un pezzo di storia vivente inciso sulla pelle.

La Vita di Sailor Jerry: Una Saga di Avventure e Sfide

Ma Sailor Jerry non era solo un artista straordinario; era anche un uomo di profonda saggezza e integrità, il cui viaggio attraverso la vita è stato tanto avventuroso quanto travagliato. Dalle sue umili origini nell'entroterra americano fino alle sue avventure in giro per il mondo come marinaio, Sailor Jerry ha vissuto una vita ricca di esperienze e di sfide.

Le sue esperienze in mare, in particolare, hanno lasciato un'impronta indelebile sul suo lavoro e sulla sua filosofia di vita. La vita in marina ha insegnato a Collins il valore della disciplina, della determinazione e del coraggio, qualità che si riflettono nei suoi tatuaggi e nella sua personalità. Ma ha anche conosciuto la durezza della vita in mare, con le sue tempeste, i suoi pericoli e le sue solitudini, esperienze che hanno plasmato il suo carattere e la sua arte in modi profondi e duraturi.

L'Eredità di Sailor Jerry: Un'Influenza Duratura

Oggi, l'eredità di Sailor Jerry vive ancora, nelle sale dei tatuaggi di tutto il mondo, nelle bottiglie di rum Sailor Jerry e nelle menti e nei cuori di coloro che hanno ammirato e apprezzato il suo lavoro. La sua influenza si estende ben oltre i confini dell'industria del tatuaggio, arrivando a influenzare la cultura popolare in generale.

Attraverso le testimonianze personali di coloro che lo hanno conosciuto e celebrato, e attraverso l'analisi della sua presenza continua nella cultura moderna, abbiamo visto come Sailor Jerry continui a ispirare e a influenzare generazioni di artisti e appassionati. Che si tratti di un tatuaggio tradizionale americano su un braccio, di una bottiglia di rum Sailor Jerry sullo scaffale di un bar o di un poster del suo lavoro appeso sul muro di un dormitorio universitario, la sua presenza è ovunque e la sua influenza è tangibile.

Riflessioni Finali: Sailor Jerry Come Icona Culturale

In chiusura, Sailor Jerry non è solo un tatuatore o un marchio di rum; è diventato un'icona culturale, un simbolo di libertà, di avventura e di ribellione. Il suo lavoro rappresenta non solo una forma d'arte straordinaria, ma anche un'espressione di una visione del mondo audace e non convenzionale. Attraverso i suoi tatuaggi, Sailor Jerry ci ha insegnato a celebrare la vita, ad abbracciare la nostra individualità e ad affrontare le sfide con coraggio e determinazione.

Che si tratti di un vecchio marinaio con una bussola tatuata sul petto o di un giovane ribelle con un disegno di Sailor Jerry sul braccio, i tatuaggi di Sailor Jerry continuano a connettere le persone di tutto il mondo, unendole in una comune passione per l'arte, l'avventura e la libertà. E mentre il tempo passa e le mode cambiano, il lavoro di Sailor Jerry continua a brillare come un faro di speranza e ispirazione, guidando le generazioni future lungo il sentiero della creatività e dell'autenticità.

Sailor Jerry può essere stato un uomo del suo tempo, ma il suo lavoro è eterno. Che la sua luce continui a brillare brillante, illuminando il cammino di coloro che hanno la fortuna di essere stati toccati dalla sua arte e dalla sua filosofia di vita. Che il suo spirito ribelle e la sua passione per l'arte continuino a ispirare e a guidare coloro che cercano la verità e la bellezza in un mondo spesso oscuro e caotico.

RINGRAZIAMENTI

Gentile Lettore,

Iniziamo con un sentito ringraziamento per aver scelto di aggiungere questo libro alla tua collezione. Siamo profondamente grati per il tuo sostegno e per l'interesse dimostrato verso la storia e l'eredità di Sailor Jerry. È un onore per noi poter condividere con te questa esplorazione del mondo affascinante e complesso di uno degli artisti più influenti nella storia del tatuaggio.

Un Viaggio nel Mondo di Sailor Jerry

L'esperienza di scrivere questo libro è stata un viaggio avvincente e stimolante attraverso la vita e l'opera di Norman Keith Collins, meglio conosciuto come Sailor Jerry. Ogni pagina è stata un'immersione nelle profondità della sua arte, nella sua filosofia di vita e nell'eco duratura del suo impatto sulla cultura popolare.

Grazie a te, questo viaggio assume un nuovo significato. Il tuo interesse e il tuo sostegno sono il motore che ci ha spinto a esplorare ogni angolo di questa storia affascinante, cercando di catturare l'essenza di Sailor Jerry e di trasmetterla nel modo più autentico possibile.

Un Ringraziamento Speciale

Vogliamo esprimere un ringraziamento speciale a coloro che hanno contribuito alla realizzazione di questo libro. Ai ricercatori, agli intervistati, ai colleghi e agli amici che hanno condiviso le loro conoscenze, le loro esperienze e le loro storie, siamo profondamente grati. Senza il loro contributo prezioso, questo libro non sarebbe stato possibile.

Vorremmo anche ringraziare gli editori, i designer e tutti coloro che hanno lavorato dietro le quinte per portare questo progetto alla luce. Il vostro impegno e la vostra dedizione hanno reso possibile trasformare un'idea in realtà, e siamo grati per il vostro lavoro instancabile e la vostra professionalità.

La Tua Collezione di Conoscenza

Infine, vogliamo complimentarci con te per aver scelto di arricchire la tua collezione con un testo così specifico e ricco di significato. Raccogliere libri è molto più di un passatempo; è un'affermazione della tua curiosità, della tua passione e del tuo desiderio di esplorare nuovi mondi e nuove idee. Speriamo che questo libro arricchisca la tua collezione e ti ispiri a continuare il tuo viaggio di scoperta e apprendimento.

In chiusura, vorremmo ancora una volta ringraziarti di cuore per il tuo sostegno e per averci dato l'opportunità di condividere con te questa storia straordinaria. Che tu sia un tatuatore esperto, un appassionato di arte o semplicemente un curioso, speriamo che questo libro ti porti gioia, ispirazione e una nuova comprensione del mondo affascinante di Sailor Jerry.

Con i nostri più sinceri ringraziamenti.

REGALO FINALE PER TE: FELICITA' E BENE SUPREMO

💙 IL SEGRETO DELLA FELICITA' 💙

Con queste ultime parole finali, mi congratulo con te per la lettura e ti mando energie positive e delle parole che, se capite, ti sveleranno il segreto della felicità.

Io non ti conosco ma so perfettamente che possiedi internamente una potente energia di luce bianca.

Questa è una forza interiore che va intensificata, se comprendi la forza dell'amore diventerai invincibile.

Con queste parole vorrei farti capire l'importanza del fare del bene, prima a te stesso e poi al prossimo.

Se vuoi allontanare sofferenze e negatività da te stesso e incominciare un percorso nella serenità e nella felicità esiste un solo e unico potente segreto: aiutare e fare del bene a chiunque incrocerai nel tuo percorso vitale.

Secondo rinomati psicologi, fare del bene agli altri, provoca una gratificazione personale e attiva dei meccanismi celebrali legati al piacere. Queste gratificazioni sono così potenti da ridurre lo stress, aumentare l'autostima e migliorare il tono dell'umore.

Inoltre, l'altruismo contribuisce a creare legami più solidi e sinceri con le persone intorno a te, rafforzando le tue connessioni sociali.

Un'altra motivazione è il dare un significato alla propria esistenza, essere altruisti cronici ti darà uno scopo portandoti ad una realizzazione personale che si tradurrà in una maggiore felicità.

Ma non finisce qui, altri studi hanno confermato che tali pratiche influiscono positivamente sulla personale salute mentale, andando direttamene a lavorare sulla depressione e sull'ansia, promuovendo un benessere psicologico totale.

Non dimenticandoci poi dell'effetto del "circolo virtuoso", ovvero che la tua influenza positiva contagerà gli altri, e magari li motiverà a ricambiare le tue azioni con altre persone, creando così un cambiamento positivo infinito.

Spero di averti fatto capire che dentro di te possiedi un enorme potere, e questo dono lo puoi usare per te stesso e puoi condividerlo con gli altri.

Inizia già da oggi, sorridi, fai una buona azione, una piccola donazione, aiuta, condividi, ascolta, supporta, una parola gentile. Ma in maniera incondizionata.

Ogni persona possiede delle caratteristiche uniche, scopri la tua e usala per aiutare chi verrà nella tua vita.

Possiamo innescare un processo di cambiamento positivo nel mondo, io e te insieme. Oggi, adesso, ora.

Inizia subito, e sentirai una piacevole gratificazione. Cambiare il mondo inizia da te, tu hai il potere dell'amore. Usalo, abbiamo tutti bisogno della tua luce.

Adesso che hai compreso il segreto della felicità, assorbilo e condividilo con gli altri. La scelta è solo tua.

Io credo in te e il mondo ha bisogno del tuo amore, per la costituzione di una futura "società giusta", come quella citata da Platone focalizzata sul bene supremo.

PLATONE: LA SOCIETA' GIUSTA E IL BENE SUPREMO

Platone, uno dei filosofi più influenti della storia occidentale, aveva una visione precisa di ciò che costituisce una società giusta. Nella sua opera "La Repubblica",

Platone immagina una città ideale guidata da una classe di filosofi-re, i governanti, che sono mossi dalla saggezza e dalla virtù. Secondo Platone, la società giusta è caratterizzata da tre classi sociali distinte - i governanti, i guardiani e i produttori - ognuna delle quali svolge un ruolo specifico nell'assolvere le funzioni della città. Ogni individuo all'interno di queste classi dovrebbe possedere virtù specifiche che contribuiscono al funzionamento armonioso della società. I governanti dovrebbero essere guidati dalla saggezza, i guardiani dal coraggio, e i produttori dalla temperanza e dalla moderazione. Inoltre, Platone sottolinea l'importanza della giustizia come fondamento su cui si basa l'intera struttura della società giusta. Queste virtù, secondo Platone, sono essenziali per il benessere individuale e collettivo. Egli credeva che solo attraverso la pratica costante e l'incarnazione di queste virtù, sia a livello individuale che sociale, si potrebbe raggiungere la felicità e il bene supremo.

Riflettendo su queste idee di Platone, emerge un parallelo interessante per i giovani occidentali che scelgono di tatuarsi in stile tradizionale. Questa scelta, che rispetta le tradizioni occidentali, può essere vista come un'espressione della temperanza e della moderazione, virtù che Platone considerava fondamentali per la vita virtuosa. Incarnando gli ideali virtuosi di Platone nella propria vita, inclusa l'adozione di comportamenti sociali e solidali verso gli altri, i giovani tatuati in stile tradizionale possono contribuire alla creazione di una futura società più giusta, armoniosa e priva di giudizio verso i tatuati. Inoltre, l'atto di contribuire alla società giusta non solo aiuta gli altri a trovare la felicità, ma porta anche alla realizzazione personale e alla felicità individuale. In questo senso, Platone avrebbe potuto vedere i giovani tatuati che adottano tali virtù come agenti di cambiamento positivo nel mondo, innescando un processo karmico positivo attraverso le loro azioni altruistiche e virtuose. Infine, le filosofie di Platone hanno avuto un impatto significativo sulla teologia cristiana, contribuendo a plasmare la comprensione occidentale del bene, della giustizia e della virtù. Quindi, un giovane occidentale che sceglie di tatuarsi in stile tradizionale potrebbe trovare valore nell'esplorare e comprendere le idee di Platone, poiché queste idee non solo possono fornire una guida per una vita virtuosa e significativa, ma hanno anche contribuito a plasmare la storia e la cultura occidentali.

Perché un giovane tatuato occidentale dovrebbe ritrovarsi in Platone e non sentirsi giudicato?

Le filosofie di Platone sull'espressione personale si concentrano sulla ricerca della verità, della bellezza e della giustizia attraverso il processo di auto-conoscenza e di espressione individuale. Platone credeva che ogni individuo possedesse una natura unica e che la vita virtuosa consistesse nel vivere in armonia con questa natura intrinseca, sviluppando il proprio potenziale e contribuendo al bene comune. Per i giovani occidentali che scelgono di tatuarsi, ma che possono essere oggetto di discriminazione dalle vecchie generazioni, le filosofie di Platone possono offrire una prospettiva utile per reinterpretare e comprendere il significato dell'espressione personale. Ecco come:

Auto-conoscenza e autenticità: Platone sottolineava l'importanza di conoscere se stessi e di vivere in accordo con la propria natura interiore. Per i giovani che scelgono di tatuarsi, questa pratica può rappresentare un mezzo per esprimere la propria identità e individualità in modo autentico, riflettendo i propri valori, passioni e esperienze di vita.

Bellezza e creatività: Platone riconosceva il potere della bellezza nel nutrire l'anima e nel sollevare lo spirito umano. I tatuaggi possono essere considerati come forme d'arte corporea che permettono ai giovani di esprimere la loro creatività e di celebrare la bellezza in tutte le sue forme.

Giustizia e rispetto per la diversità: Platone riteneva che una società giusta fosse fondata sulla giustizia e sul rispetto per la diversità delle persone. Nella contemporaneità, ciò potrebbe essere interpretato come il riconoscimento e il rispetto dei diritti e delle scelte individuali, comprese quelle riguardanti l'espressione personale attraverso i tatuaggi.

Educazione e dialogo: Platone considerava l'educazione e il dialogo come strumenti essenziali per il miglioramento individuale e sociale. I giovani che scelgono di tatuarsi possono essere incoraggiati a educare gli altri sul significato dei loro tatuaggi e ad impegnarsi in un dialogo aperto e rispettoso con le generazioni più anziane, per promuovere la comprensione reciproca e combattere i pregiudizi.

Le filosofie di Platone possono essere reinterpretate oggi per sostenere i giovani occidentali che scelgono di tatuarsi, offrendo una prospettiva che valorizza l'autenticità, la bellezza, la diversità e il rispetto reciproco. Promuovere una comprensione più profonda e inclusiva dell'espressione personale può contribuire a creare una società più giusta e armoniosa per tutti. Io mi identifico in Platone e te?

Ma per finire vorrei farti fare un ragionamento sul lato luce e il lato ombra, che riguarderanno il tuo e nostro futuro.

IL LATO LUCE E IL LATO OMBRA

Recentemente ho conosciuto una persona con una ricchezza interiore incredibile, che mi ha introdotto al concetto di dualità, ovvero che in ogni cosa e persona esistono due lati, di solito definiti come lato luce e lato ombra o più semplicemente bene e male.

Una leggenda nativa parla che all'interno di ognuno di noi abitano un lupo bianco e un lupo nero, ma vincerà solo quello a cui darai da mangiare. Ok?

Tornando ai lati, il concetto di "lato luce" e "lato ombra" si riferisce alle diverse parti della nostra personalità e della nostra esistenza. Il "lato luce" rappresenta le qualità positive, come la gentilezza, la compassione, la gioia e la saggezza, mentre il "lato ombra" comprende gli aspetti meno desiderabili o repressi di noi stessi, come la rabbia, la gelosia, la paura e l'egoismo. Ecco le differenze principali tra i due:

Lato Luce: Caratterizzato da qualità positive come amore, gioia, pace e compassione. Rappresenta la parte più autentica e genuina di noi stessi. Favorisce relazioni sane e armoniose con gli altri. Contribuisce al senso di realizzazione personale e felicità interiore.

Lato Ombra: Comprende aspetti meno desiderabili della nostra personalità, come rabbia, gelosia, paura e comportamenti distruttivi. Può portare a conflitti interni e relazionali, nonché a un senso di insoddisfazione e disconnessione. Spesso represso o ignorato, ma può emergere in momenti di stress o sfida.

Un giovane occidentale tatuato potrebbe essere incoraggiato a scegliere il "lato luce" della sua personalità per diversi motivi:

Felicità e realizzazione personale: Scegliere di coltivare il proprio "lato luce" può portare ad una maggiore felicità e realizzazione personale, poiché si è in armonia con i valori e le virtù più elevate che portano alla soddisfazione interiore.

Relazioni positive: Essere orientati verso il "lato luce" favorisce relazioni sane e costruttive con gli altri, basate sulla gentilezza, sulla comprensione reciproca e sulla cooperazione.

Contributo alla società giusta: Promuovere il "lato luce" non solo porta beneficio individuale, ma può anche contribuire alla costruzione di una società più giusta e armoniosa. Attraverso azioni altruistiche, bontà e assenza di giudizio, si crea un ambiente sociale in cui tutti possono prosperare e crescere.

Coltivare il "lato luce" interiore non significa ignorare il "lato ombra", ma piuttosto riconoscerlo e integrarlo in modo sano e costruttivo. Accettare e lavorare su entrambi gli aspetti della propria personalità può portare a una maggiore integrità e autenticità, e contribuire alla creazione di una società basata su sani principi, altruismo e comprensione reciproca.

Quindi ti lascio con queste domande finali:

Ti illuminerai della luce dell'alba o del tramonto?

Vincerà la tua luce bianca o i tuoi veleni mentali?

Sceglierai la felicità o ti abbandonerai alla rabbia?

Ti voglio bene amico/a mio/a. Buona vita!

SAILOR JERRY

PAGINE DA COLORARE EDIZIONE LIMITATA - 1000 COPIE Nota Speciale per i Lettori

Siamo entusiasti di offrire un'esperienza unica ai primi 1.000 lettori di questo libro! Come segno della nostra gratitudine per il vostro supporto, abbiamo incluso una collezione esclusiva di pagine da colorare ispirate allo stile tradizionale dei tatuaggi old-school.

Questi disegni, creati appositamente per questa edizione, catturano l'essenza dell'arte di Sailor Jerry e dei tatuaggi vintage classici. Dalle iconiche rondini ai cuori con banner, rose, ancore e pin-up, troverete la selezione perfetta per stimolare la vostra creatività e aiutarvi a rilassarvi.

Questa collezione è riservata esclusivamente ai primi 1.000 lettori, rendendo la vostra copia davvero speciale. Godetevi questo viaggio nell'arte del tatuaggio e date vita a queste pagine con i vostri colori!

SAILOR JERRY

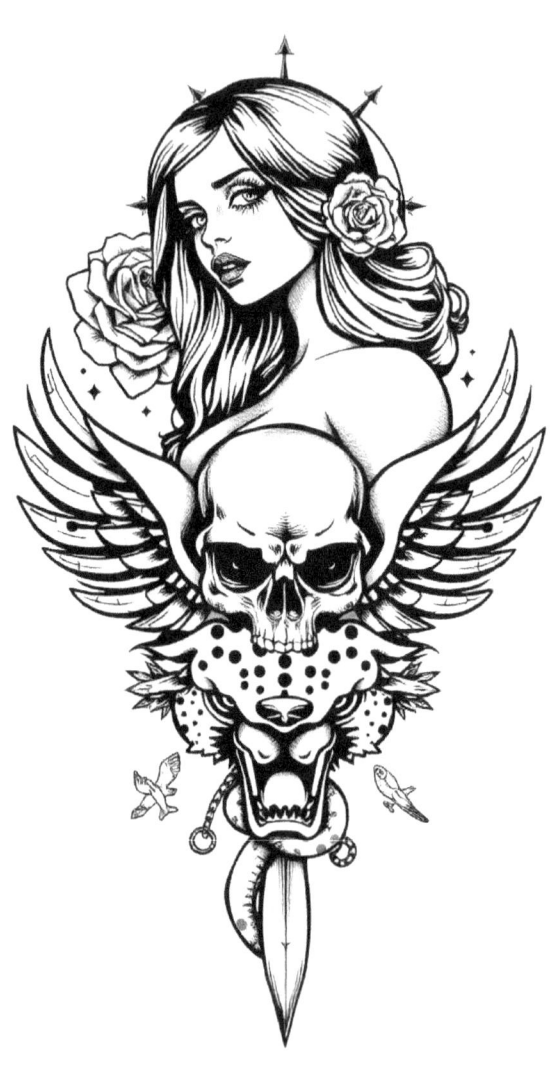

SAILOR JERRY

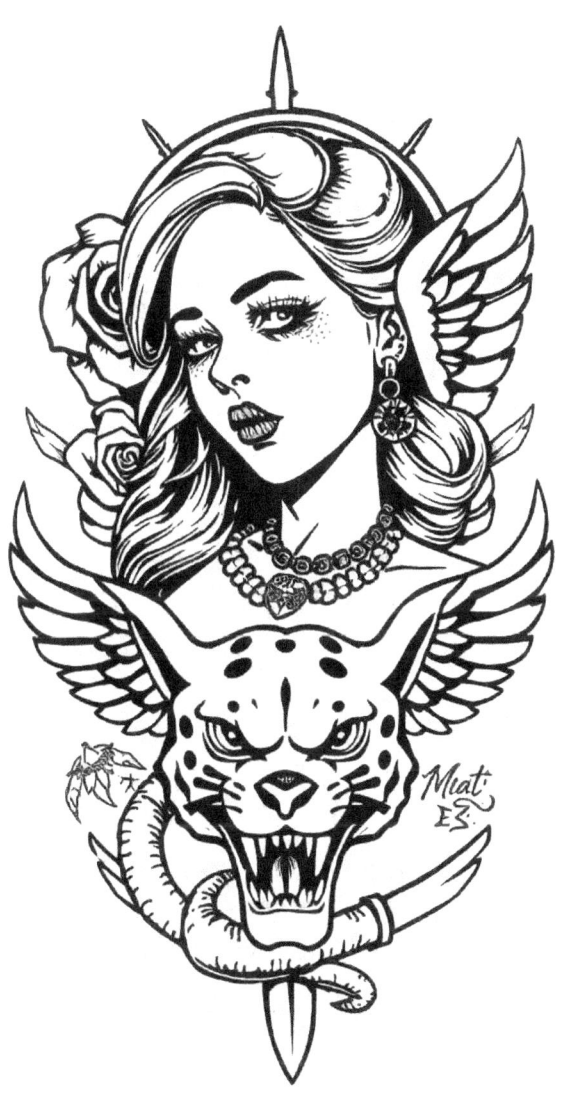

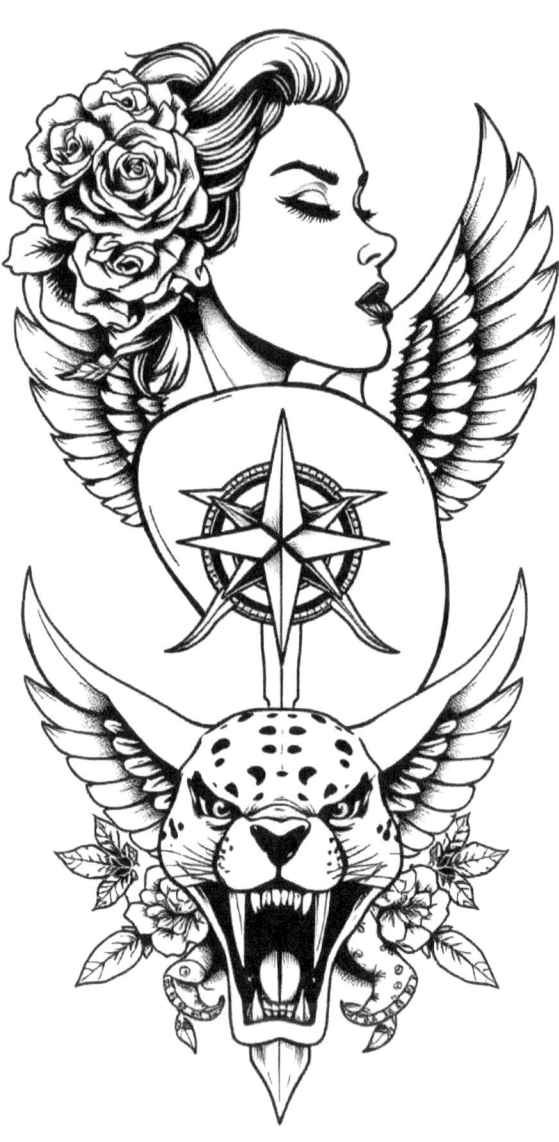

SAILOR JERRY

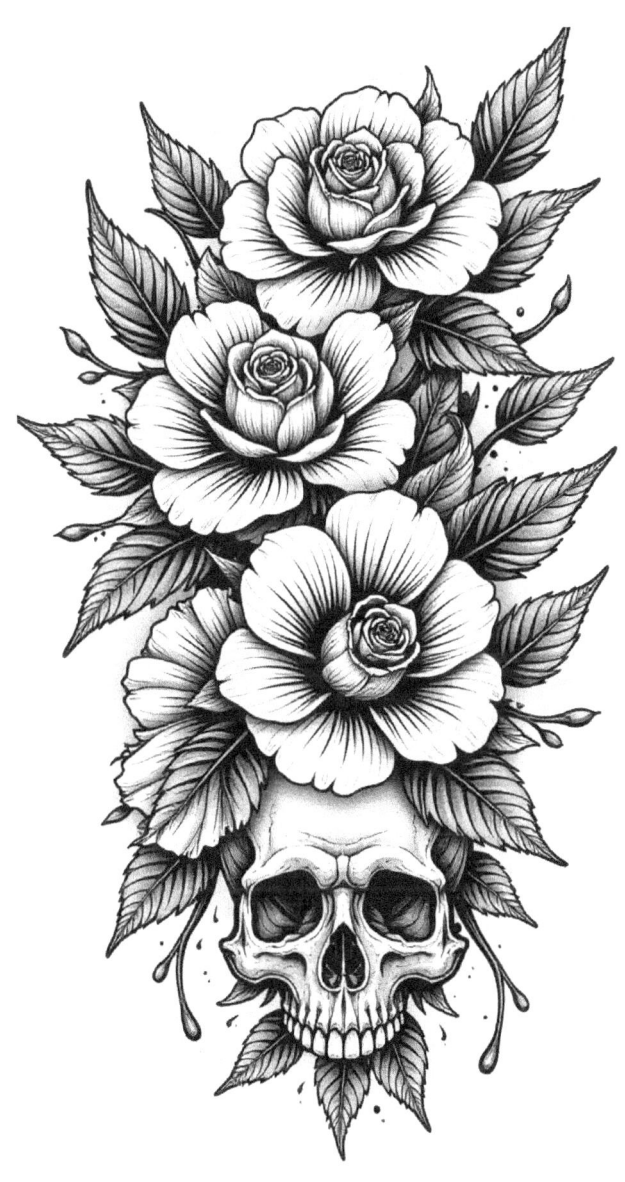

SAILOR JERRY

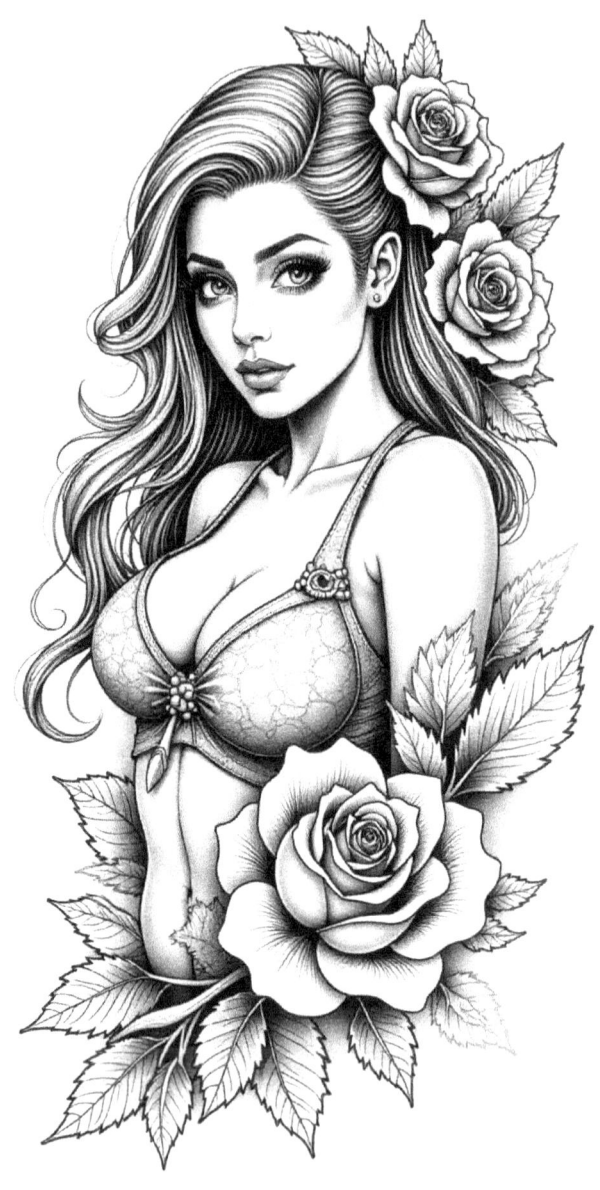

SAILOR JERRY

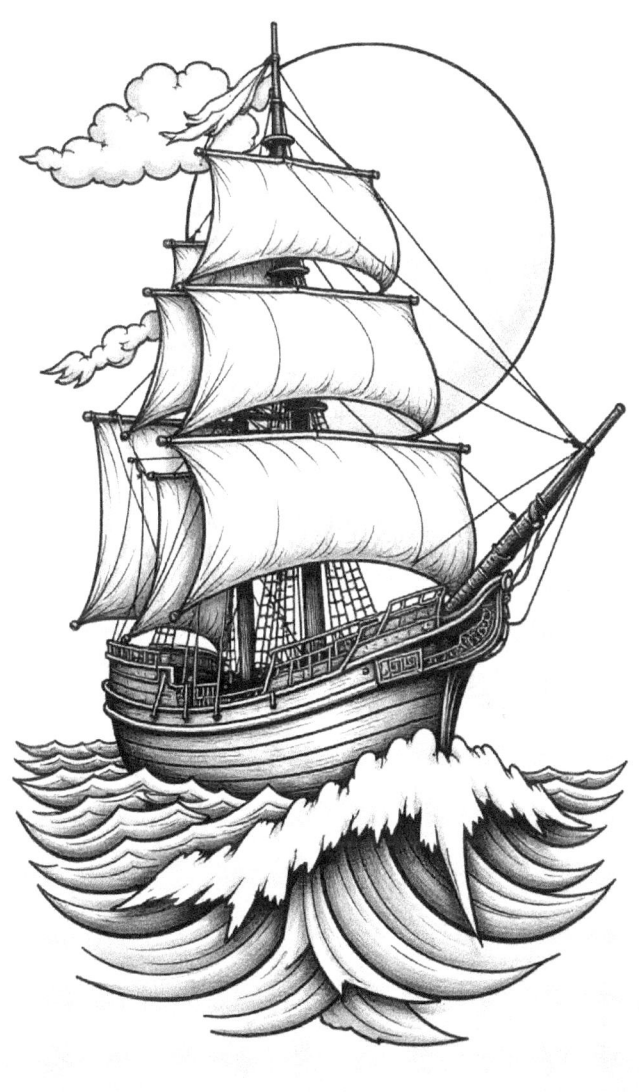

SAILOR JERRY

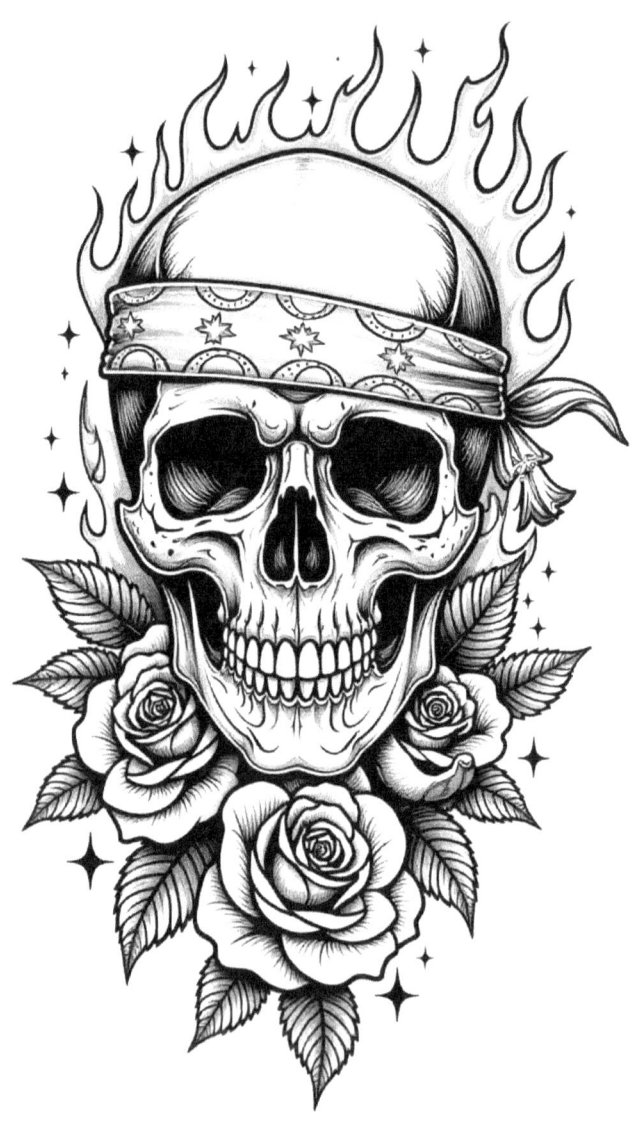

SAILOR JERRY

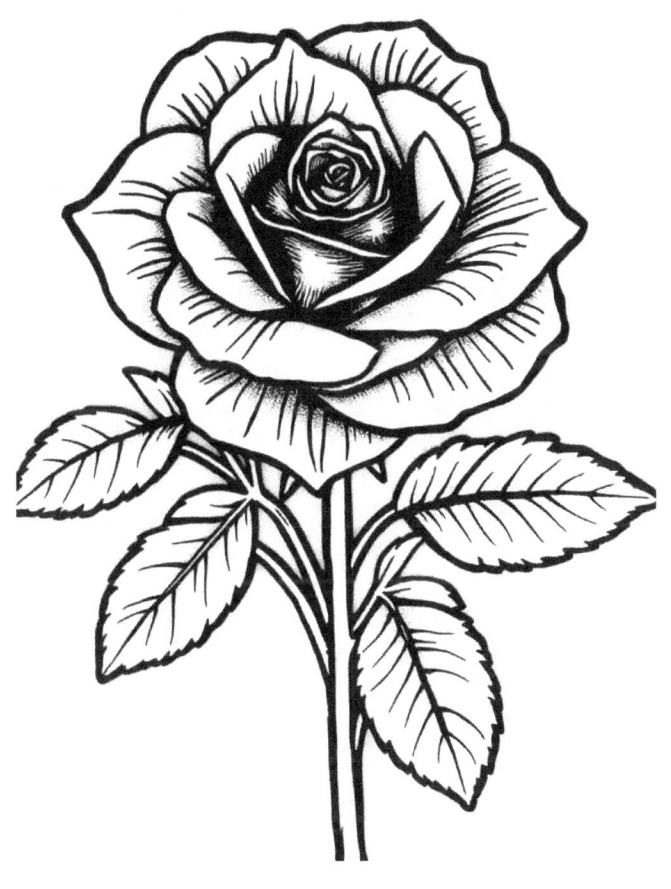

SAILOR JERRY

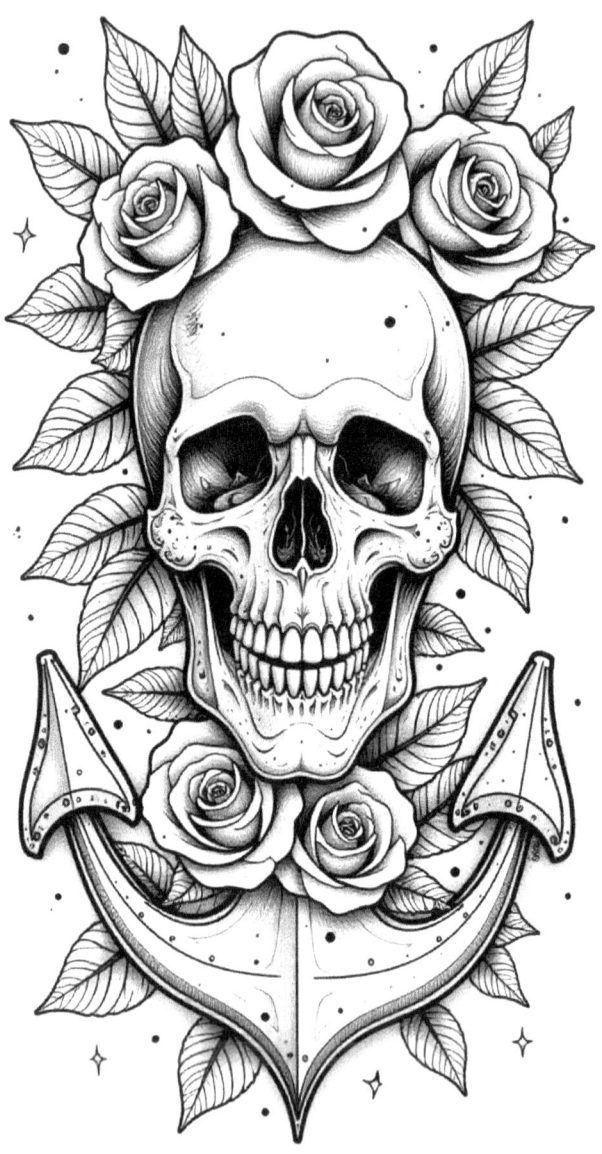

SAILOR JERRY

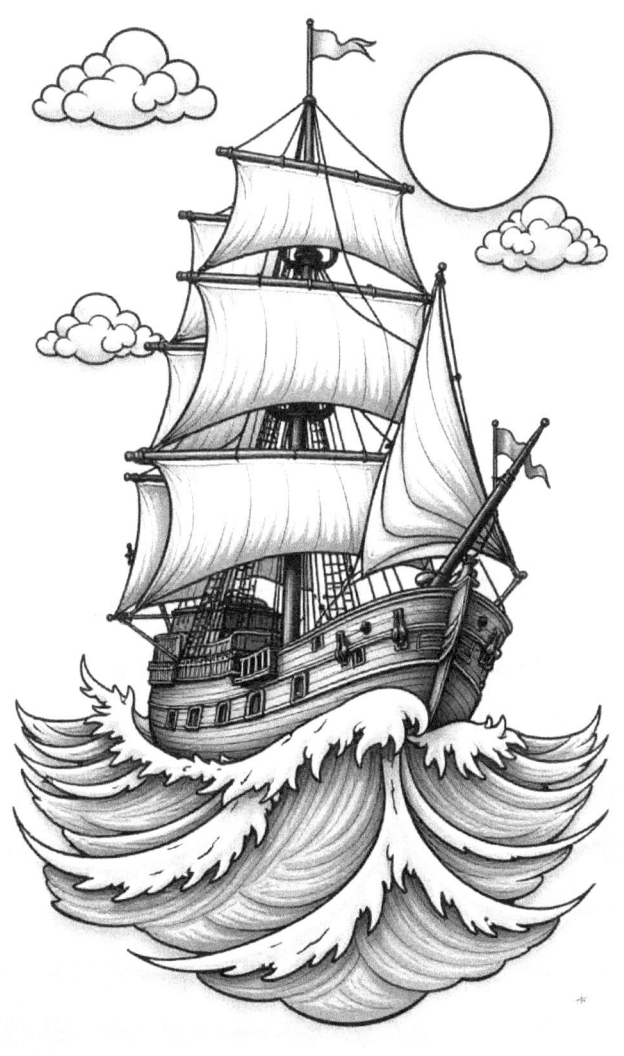

SAILOR JERRY

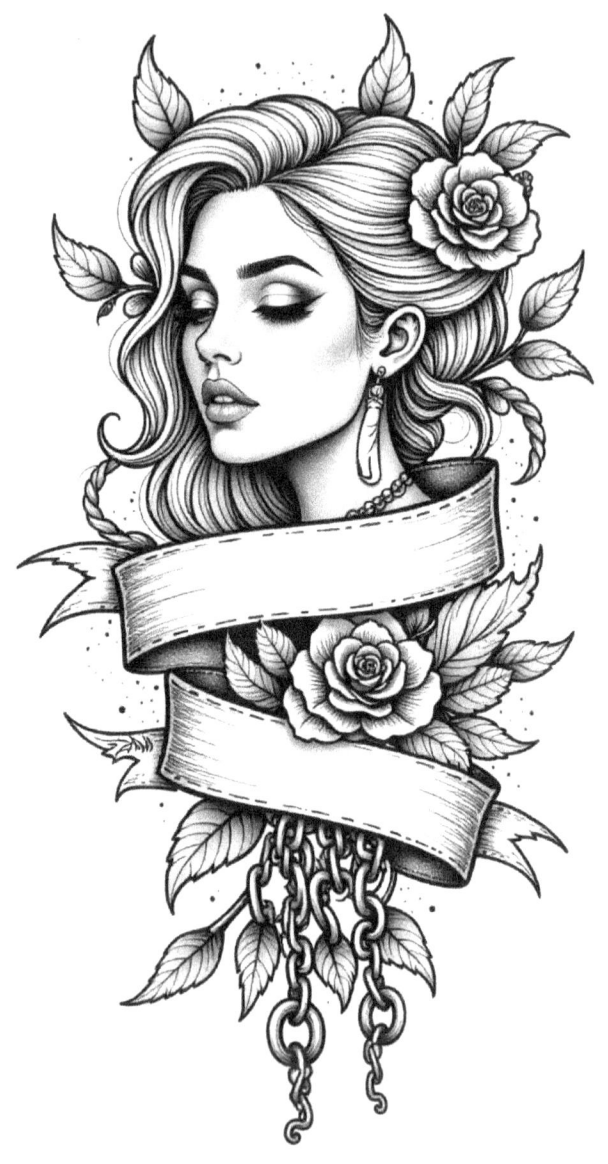

SAILOR JERRY

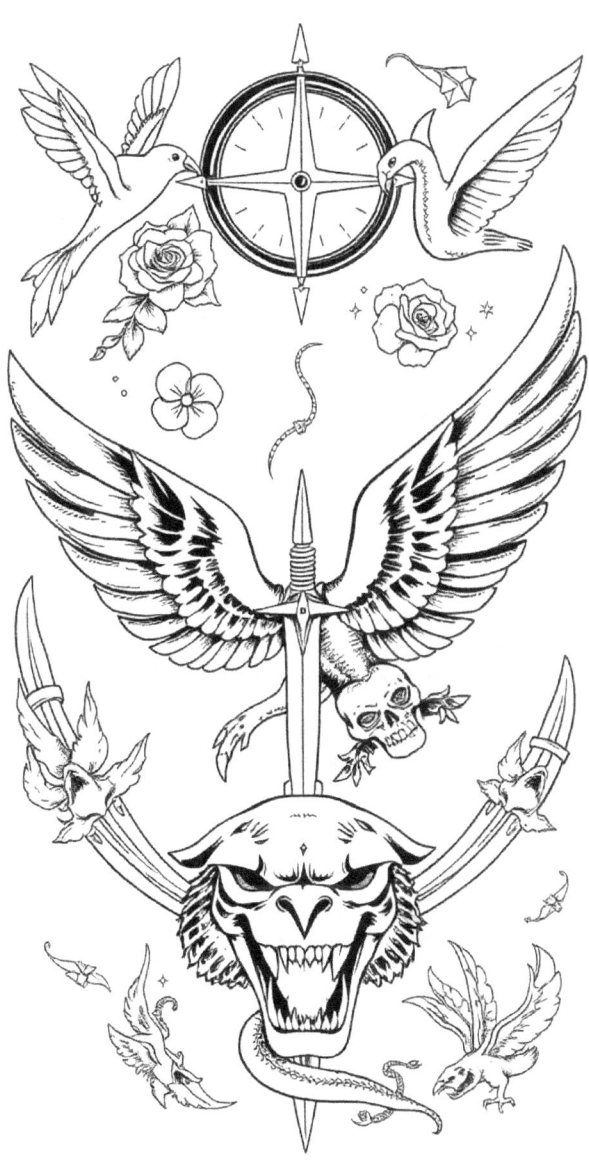

SAILOR JERRY

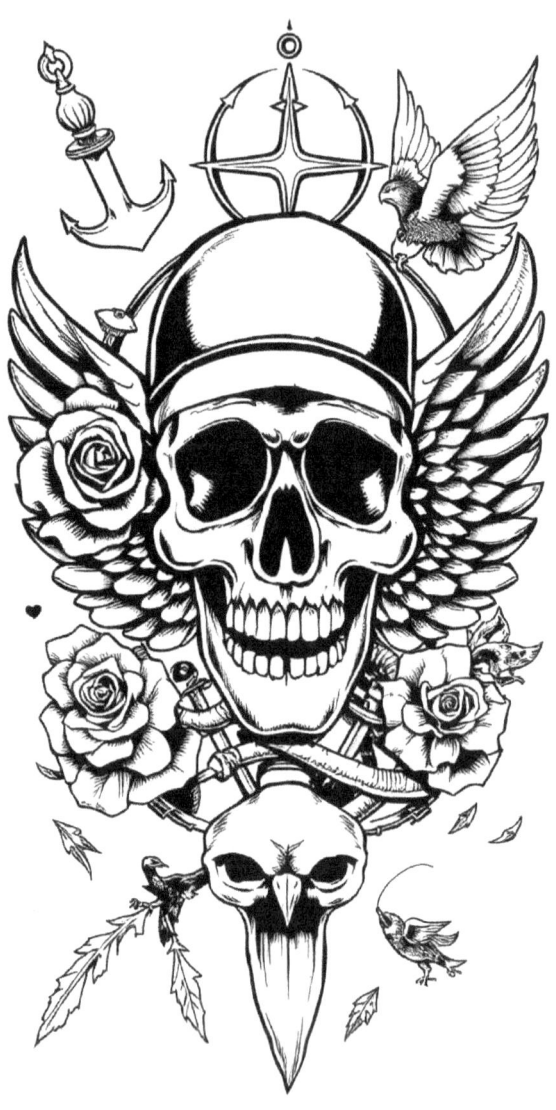

SAILOR JERRY

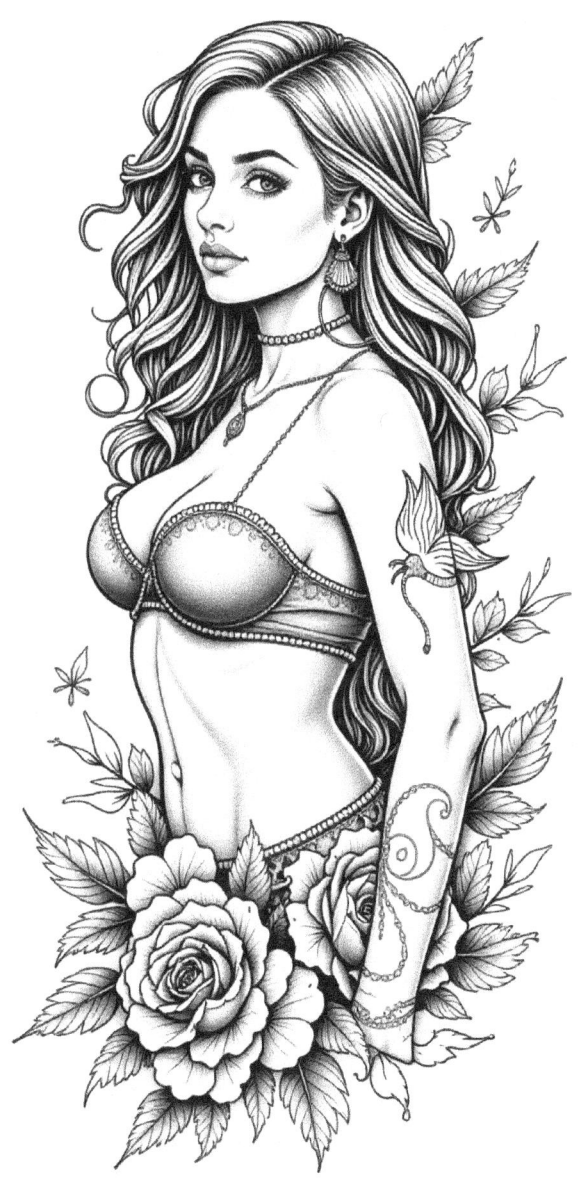

SAILOR JERRY

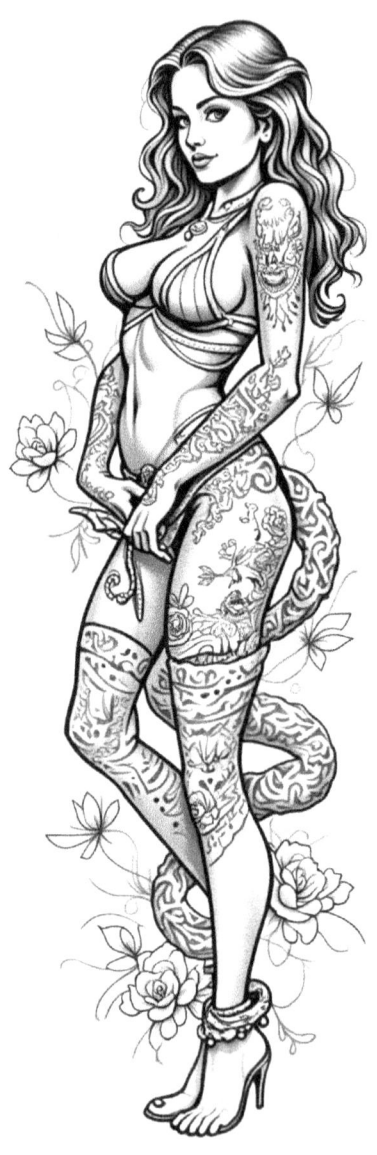

SAILOR JERRY

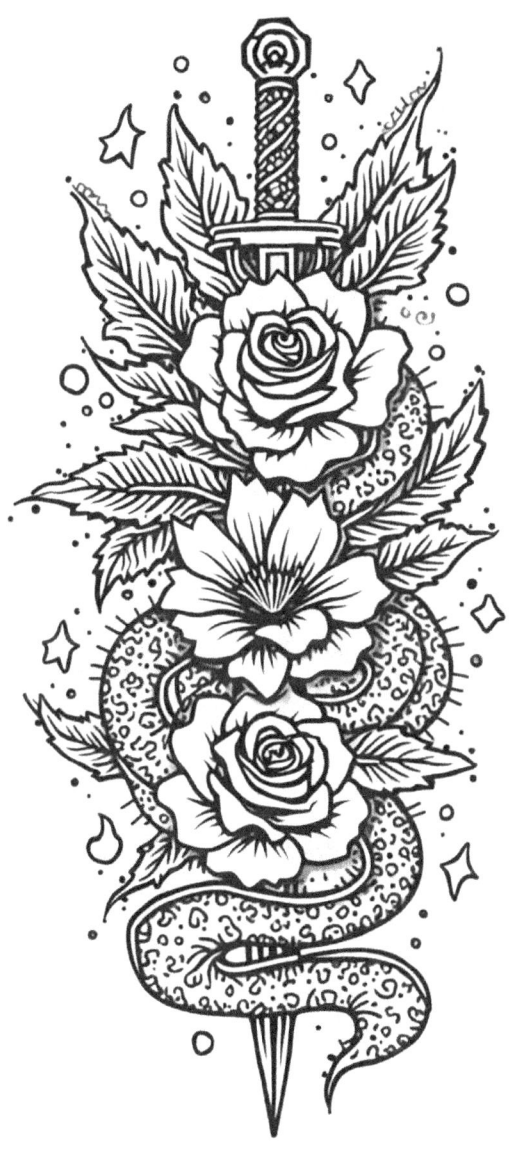

SAILOR JERRY

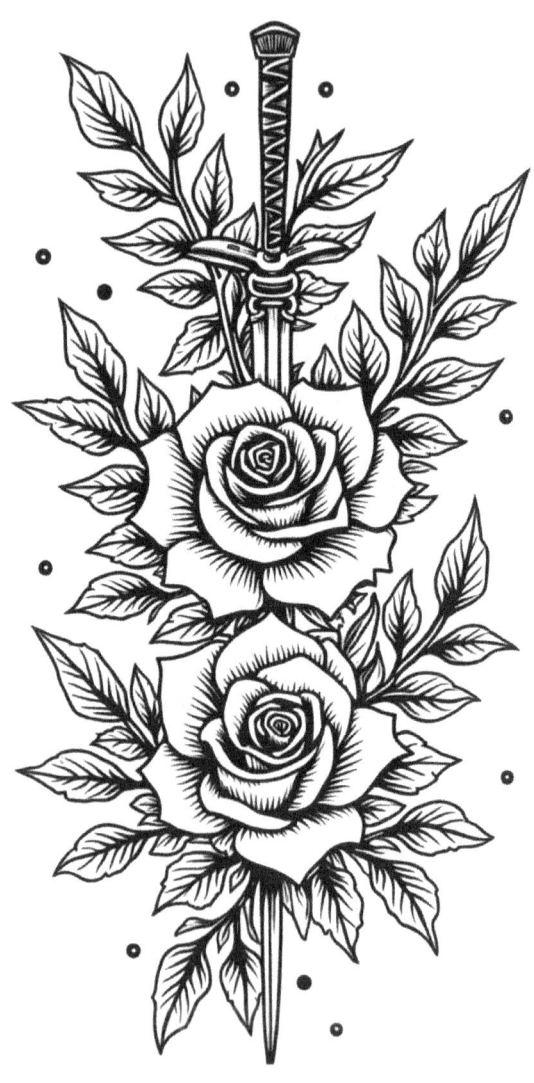

SAILOR JERRY

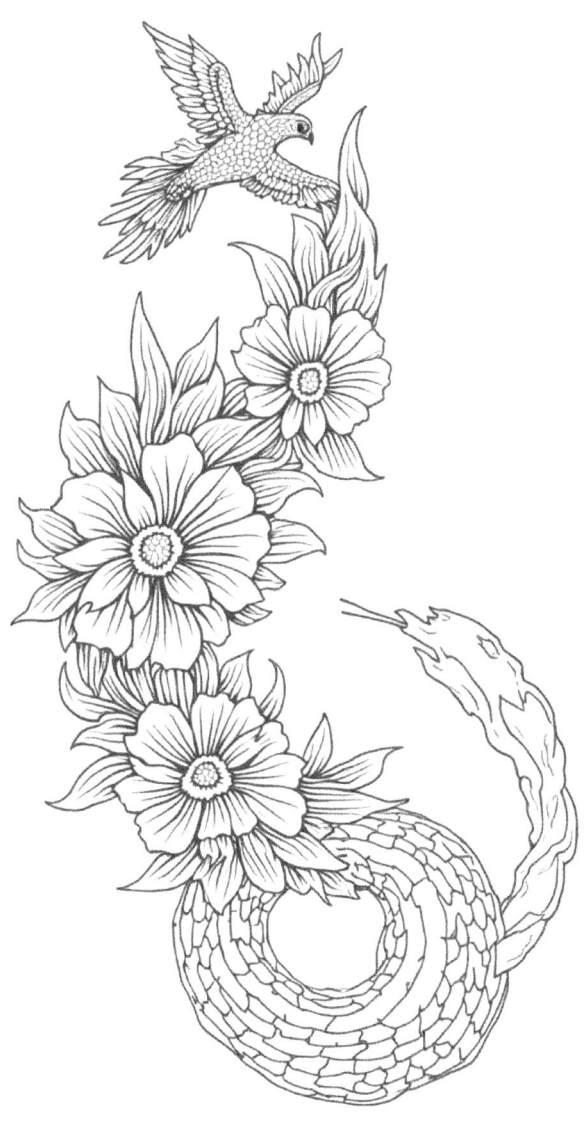

SAILOR JERRY

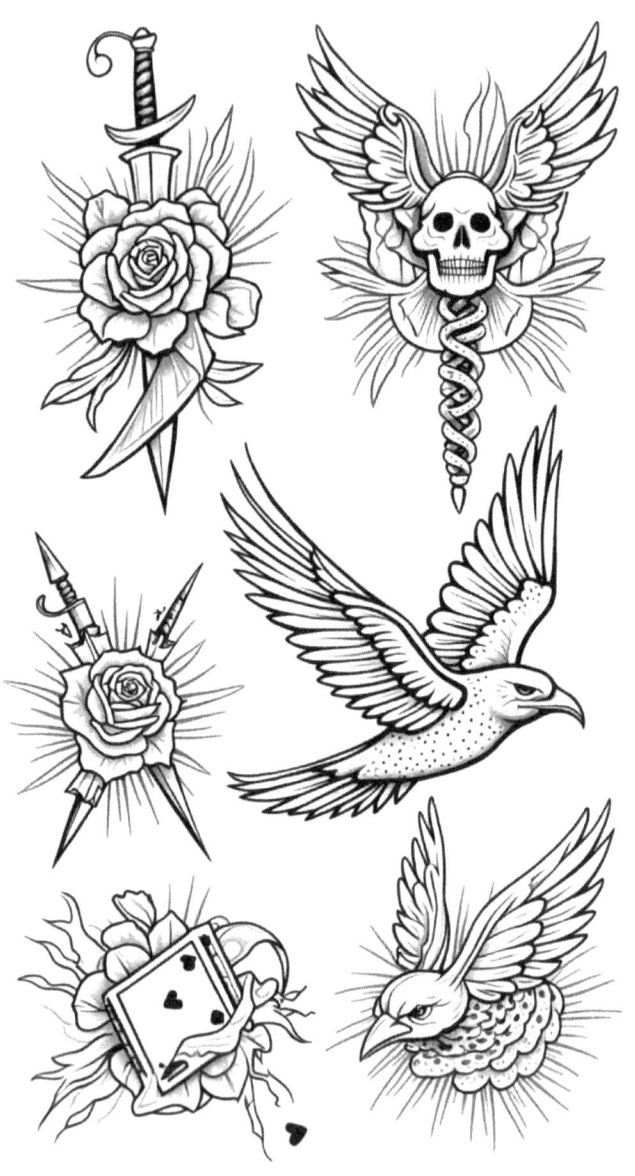

SAILOR JERRY

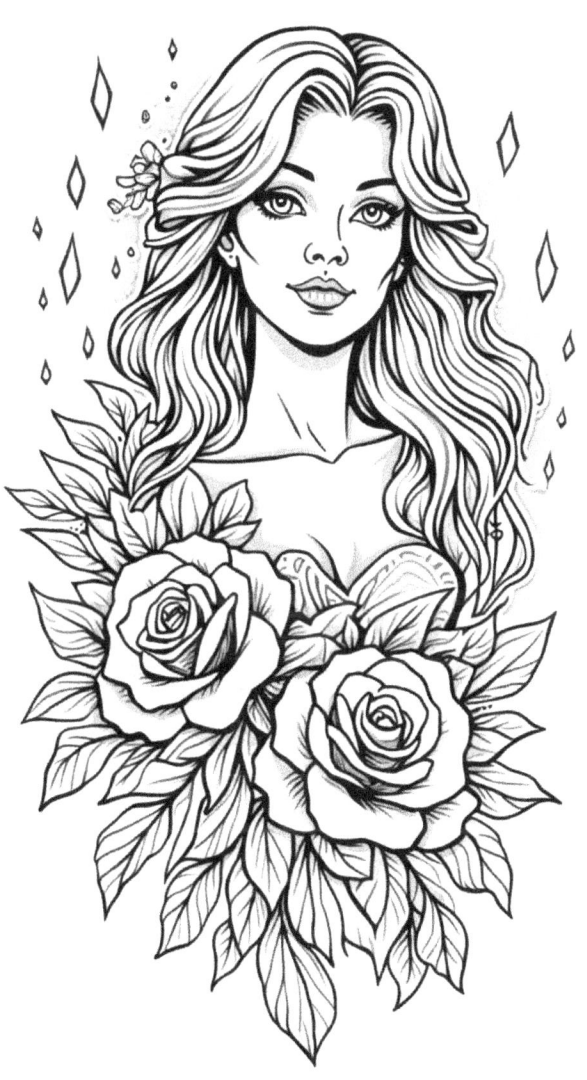

SAILOR JERRY

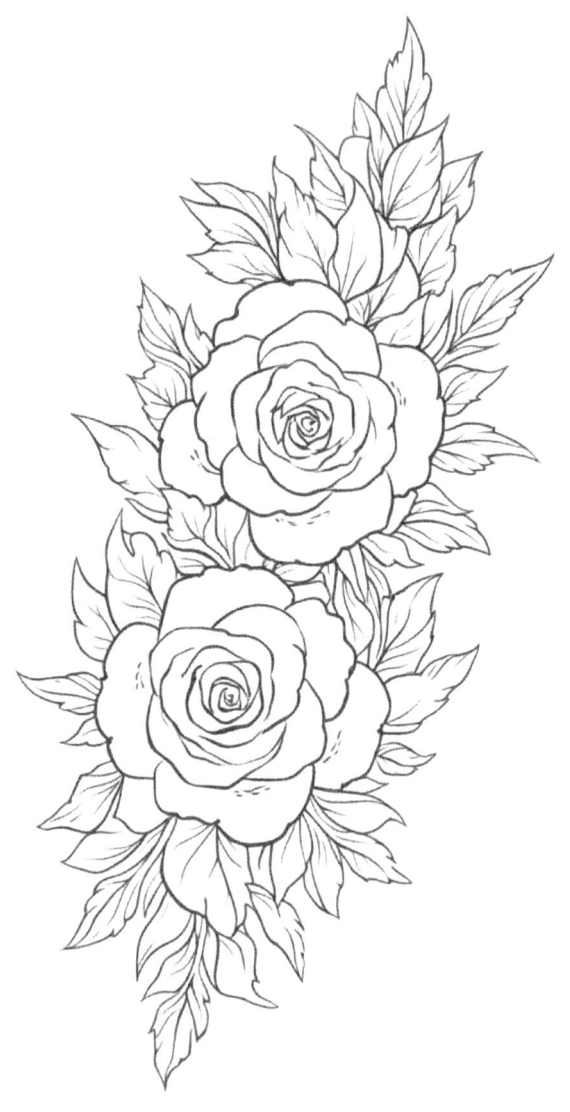

SAILOR JERRY

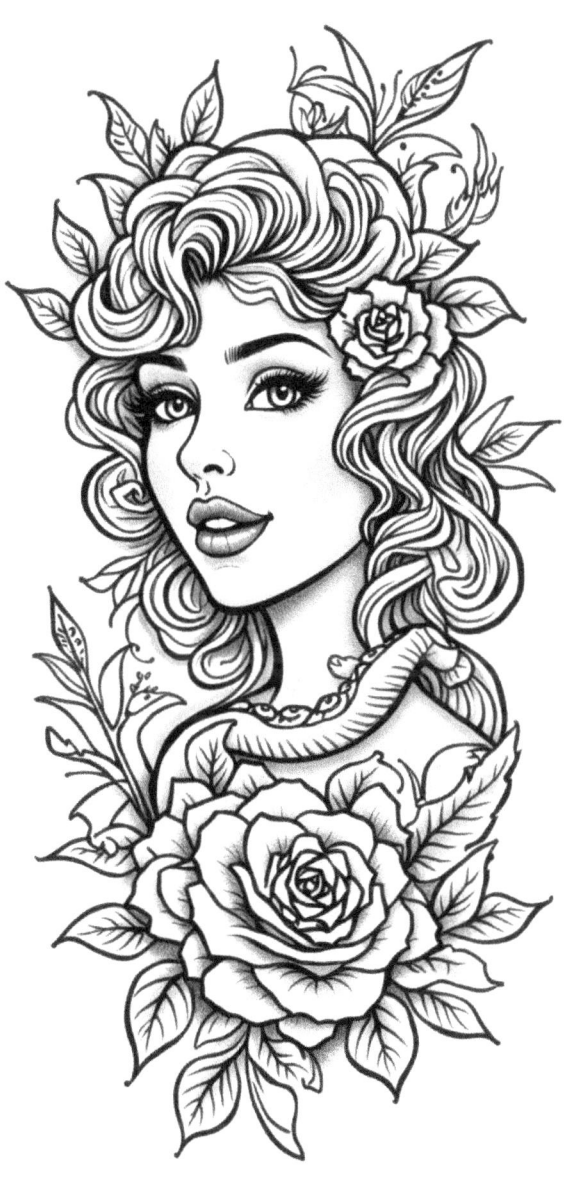

SAILOR JERRY

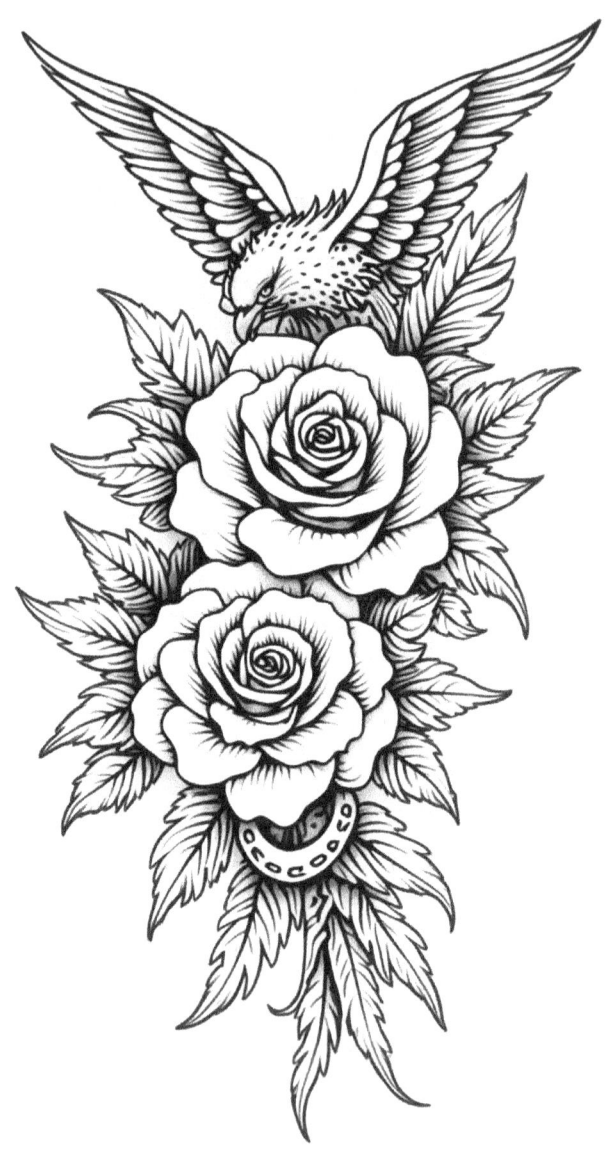

SAILOR JERRY

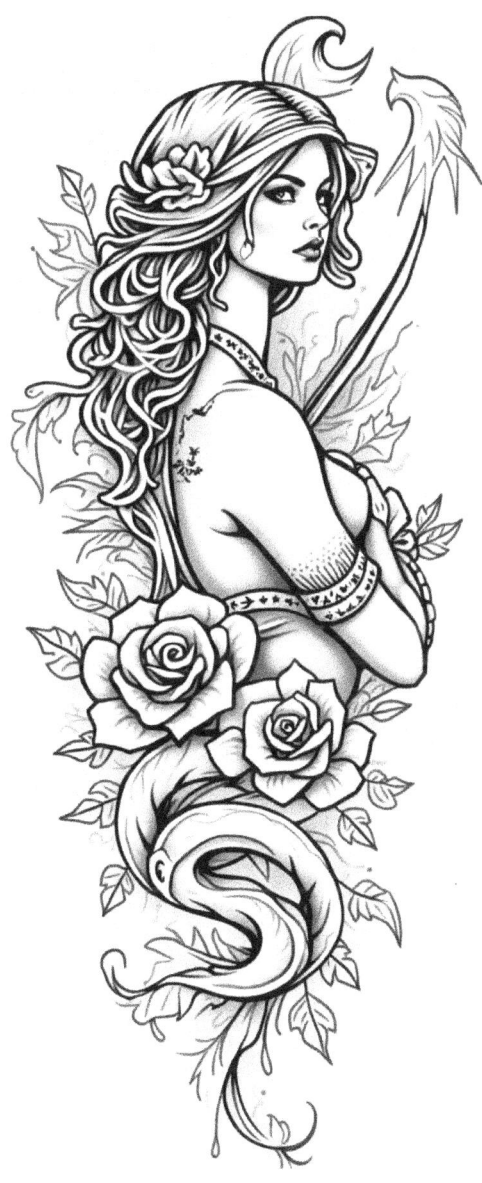

SAILOR JERRY

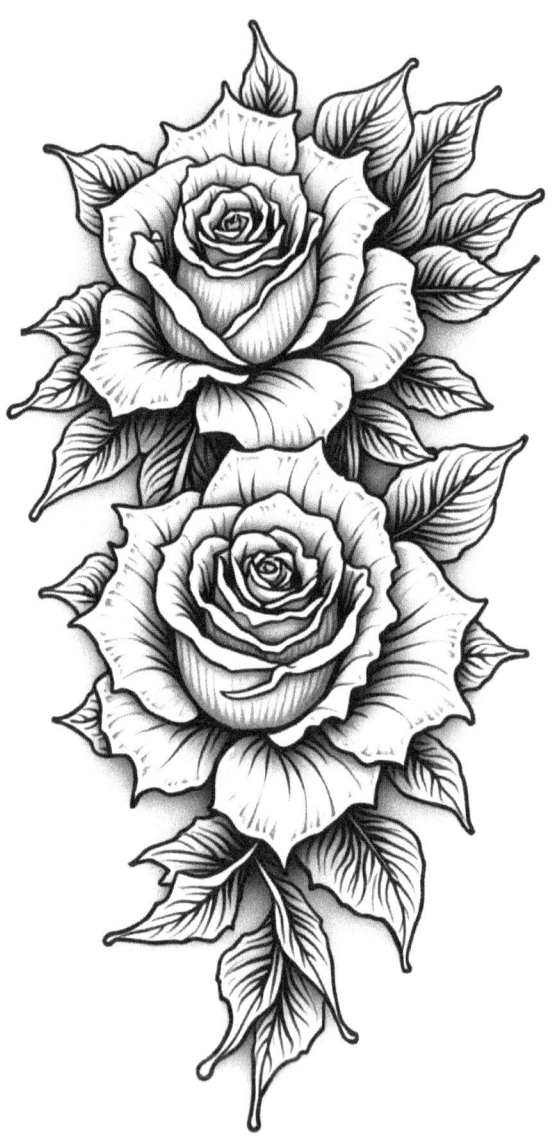

SAILOR JERRY

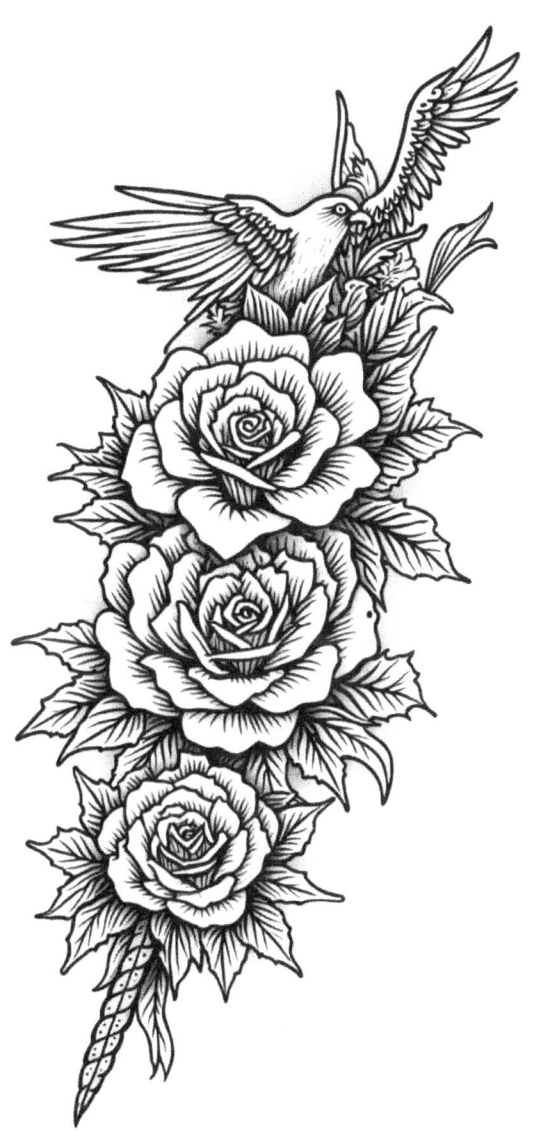

SAILOR JERRY

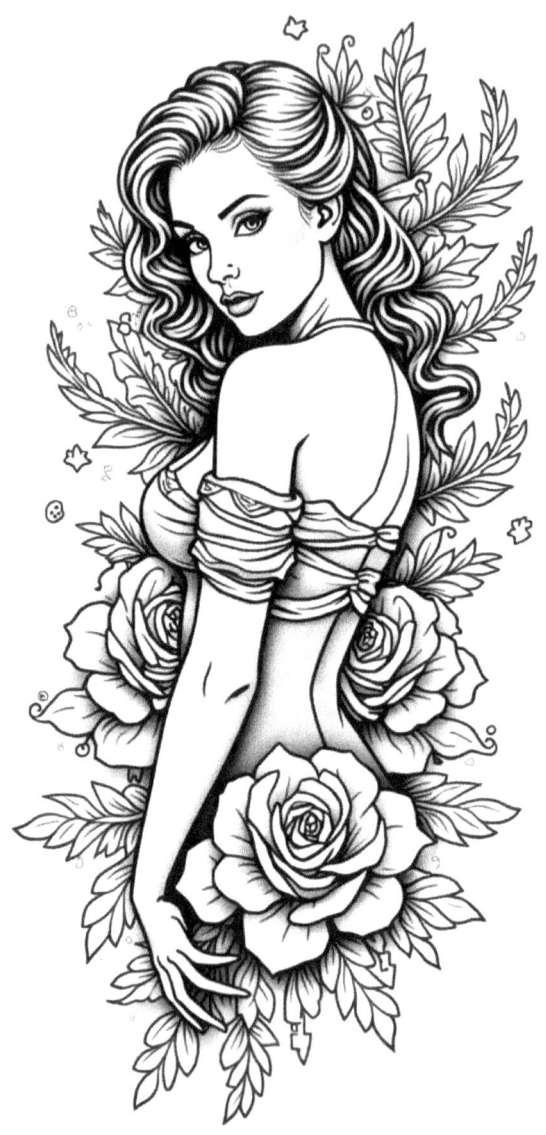

SAILOR JERRY

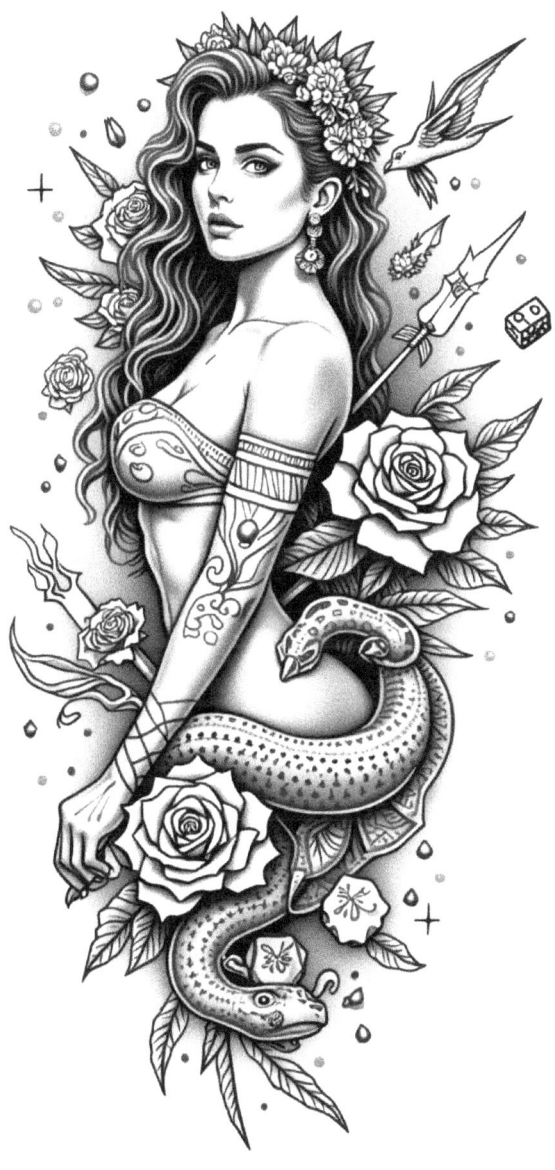

www.ingramcontent.com/pod-product-compliance
Lightning Source LLC
Chambersburg PA
CBHW050108230526
45470CB00004B/1724